LAS CLAVES
DE ÁNGELES Y DEMONIOS

Philippe Darwin

nowtilus

Colección: Historia Incógnita
www.nowtilus.com

Título original: *Anges&Démons. Tous les secrets*
Autor: © Philippe Darwin
Traducción: María de la Peña Romo García
y Luis Casas Luengo para Grupo ROS

Edición original en lengua francesa: © City Editions 2005
Edición española: © 2005 Ediciones Nowtilus, S.L.
Doña Juana I de Castilla, 44, 3.º C, 28027-Madrid
www.nowtilus.com

Editor: Santos Rodríguez
Responsable editorial: Teresa Escarpenter

Coordinación editorial: Sandra Suárez Sánchez de León (Grupo ROS)
Diseño y realización de cubiertas: Carlos Peydró
Diseño y realización de interiores: Grupo ROS
Producción: Grupo ROS (www.rosmultimedia.com)

ISBN: 84-9763-217-6
EAN: 978-849763217-1
Fecha: Mayo 2005

Printed in Spain
Imprime: Imprenta Fareso
Depósito Legal: M. 22.243-2005

Índice

Introducción

Los Illuminati querían hacer desaparecer el Vaticano con una bomba antimateria. Su objetivo: destruir el símbolo del Catolicismo y vengarse de la historia. En esta época, los papas con su basto poder obligaban a los investigadores a una casi clandestinidad y toda desafección con relación al dogma podía ser castigada con la pena de muerte. La intriga de la novela de Dan Brown abre claramente un viejo debate que se ha prolongado durante 500 años: la ciencia contra la religión.

La trama hace revivir un período bisagra de la historia: el siglo XVI, donde la ciencia emergente hacia revolucionar la civilización. Galileo, desarrollaba sus observaciones y exponía su teoría sobre la estructura del sistema solar, poniendo en duda la visión de la Biblia de la Tierra como el centro del Universo. Por haber demostrado lo contrario, fue juzgado por el Tribunal de la Inquisición.

Es una época donde los descubrimientos y los pensamientos abundan. El arte conoce un nuevo apogeo, especialmente con Bernini y el Barroco. Roma alcanza el esplendor que hoy conocemos. Pero paralelamente a esta expansión intelectual, la Contrarreforma es también un periodo de intolerancia absoluta. El Papado se siente amenazado con la naciente controversia y reacciona con violencia recusando a la ciencia, a los descubrimientos y al progreso.

Un siglo más tarde, los filósofos e intelectuales del Siglo de las Luces trocaron esta situación. Por primera vez después del comienzo de nuestra era, la razón triunfaba. La ciencia reemplazaba a Dios y poco a poco, como afirma el personaje de Carlo Ventresta en la novela: «Medicina, comunicaciones electrónicas, viajes al espacio, manipulaciones genéticas... los milagros de los que hablamos hoy a nuestros hijos».

La Iglesia ha perdido su primacía en beneficio de la ciencia. El debate, por tanto permanece hoy en día y goza de una gran actualidad. Clonación, organismos genéticamente modificados, manipulación genética, investigaciones sobre la materia...: estas pocas palabras bastan para medir los riesgos de una «ciencia sin conciencia».

Por todo ello, *Ángeles y Demonios* es una novela que, como el *Código Da Vinci*, invita a la reflexión y plantea una serie de cuestiones. Cuando el lector cierra este libro palpitante, le quema inevitablemente el deseo y la curiosidad de saber qué es verdadero y qué es falso, cuánto hay de pura ficción y cuánto es real. ¿Los Illuminati existieron o existen todavía?, ¿Galileo y Bernini eran miembros de esa sociedad secreta?, ¿qué es la antimateria?, ¿puede fabricarse y concebirse un arma más terrible que la bomba atómica? ¿Es el CERN un laboratorio de investigaciones tan potente como Dan Brown afirma? ¿Es el CERN quien ha inventado Internet y posee un avión experimental que puede volar de Estados Unidos a Europa en una hora?

Numerosas preguntas a las que daremos respuestas. Para ello, hemos consultado a historiadores, científicos, médicos, teólogos, arquitectos, decenas de expertos que nos han ayudado a comprender mejor estos temas.

Además, queremos llevar a los lectores más lejos que la novela, para saber más, por ejemplo sobre los Archivos Secretos del Vaticano, la Inquisición, los «Hassassin» o los ambigramas.

Ángeles y Demonios se desarrolla en una ciudad magnífica, Roma. Robert Langdon y Vittoria Vetra recorren las calles del centro histórico de la Roma barroca, del Panteón a la Plaza de San Pedro, de la Plaza Barberini a la Plaza Navona. Sus itinerarios son turísticos y artísticos. El libro que tiene entre manos permite visualizar los lugares. Si se describe una escultura en la novela, o una plaza o una iglesia son el escenario de un pasaje esencial de la trama, en las páginas que siguen encontraremos una foto de la misma.

Éste es un viaje al cual le invitamos, un viaje en el tiempo, en el pensamiento, en la historia y el arte de la ciudad eterna, para ir más allá del libro de Dan Brown y prolongar el placer de su lectura.

Parte I

Los misterios del Vaticano

Cónclaves:

Entresijos de una elección secreta

Los cardenales eligen al nuevo Papa recluidos en la Capilla Sixtina y una fumata blanca anuncia el final del cónclave. Una elección secreta que ha cambiado mucho desde la época en que no se daba de comer a los cardenales para forzar la elección....

En *Ángeles y Demonios* Dan Brown nos hace vivir el interior de un Cónclave, la elección del Papa. Descubrimos hasta qué punto el procedimiento está codificado por numerosas reglas muy vinculantes para los electores, como la reclusión, la imposibilidad de llegar tarde, etc. Es el retrato fidedigno del desarrollo de un verdadero cónclave, aunque el autor haya atribuido a la realidad un carácter novelesco. El origen de los cónclaves se remonta al año 1059, con el decreto *In Nomine Domini,* del Papa Nicolás II en el que se regula un cuadro reglamentario para la sucesión y elección del Papa.

En efecto, en este período, la Iglesia Romana posee no sólo un enorme poder espiritual sino igualmente –y esto es relativamente nuevo– un importante poder temporal. El Papa no quiere seguir más bajo el poder del Emperador que, habitualmente, le nombraba: el Pontífice quiere ser soberano en su Reino. Los sucesores de Pedro no pueden, por tanto, ser nombrados por otros que no sean los más importantes representantes legítimos de la Iglesia: los cardenales. Estos «príncipes de la Iglesia» como se les ha llamado durante mucho tiempo (ya que son las personas situadas jerárquicamente justo detrás de Papa y porque esta función se otorgaba tradicionalmente a la nobleza italiana) tienen, por tanto, como encargo principal la elección de los Papas. Sin embargo, en el siglo XI, la elección de los Papas no se parecía a lo que llegó ser varios siglos más tarde: el primer objetivo era sustraer la sucesión de los Pontífices de las presiones políticas.

P A principios del siglo XIII, se añadió otro imperativo: no sólo el Papa debía ser nombrado por la Iglesia sino que además debería ser elegido rápidamente para evitar una vacante excesivamente larga como podría ser el caso. Es así como aparece el principio y el término de «Cónclave» para designar este nuevo procedimiento. Cónclave significa literalmente «bajo llave» y es exactamente lo que ocurre por primera vez en 1241. Los cardenales no llegaban a ponerse de acuerdo sobre el nombre del nuevo Papa y se dividen en vanas querellas. Para conducirlos a un mayor sabiduría y dar un poco de movimiento, el pueblo romano y el senador Orsini deciden encerrar a los Cardenales entre las ruinas de una prisión y no dejarles salir hasta que hayan elegido un nuevo Papa. El método es, como menos, cruel ya que los guardianes torturan en la práctica a los eclesiásticos, los ponen a pan y agua... Pero funciona y, casi muertos, los príncipes de la Iglesia salen de su encierro para proclamar el nombre del nuevo Papa.

Muchos de otros cónclaves se desarrollan después con el mismo principio de la presión y del secuestro, y algunos de ellos conservarán la fama a lo largo de la historia. En 1268, en Viterbo, cuando los Cardenales no se decidían y ya sus dudas duraban un año, se les emparedó para obligarles a tomar una decisión. La comida se les daba por un agujero hecho en el tejado. A pesar del enclaustramiento, ¡el cónclave duró dos años y nueve meses! Evidentemente es demasiado tiempo: la Santa Sede no puede estar vacante tanto tiempo y esa es la razón por la que a fines del siglo XIII, el Concilio de Lyon II establece un decreto que fija las reglas de la designación. Se precisa, por ejemplo, que los cardenales deben ir al lugar de la muerte del Pontífice para proceder a la elección. Se dictan, también, normas sobre el encierro: al principio se les alimenta normalmente, pero al cabo de tres días sólo reciben una comida al día.

Y finalmente, después de cinco días más de elecciones sin resultados, se pasa al pan seco y al agua para acelerar el resultado.

Si estas normas han perdurado varios siglos, en la actualidad no son exactamente iguales, felizmente para los Cardenales... Juan Pablo II fijo en 1996 una nueva constitución apostólica, llamada *Universi Dominici Gregis*, que servirá de marco reglamentario para la elección de su sucesor.

¿CÓMO SE PREPARA UN CÓNCLAVE?

Cuando un Papa muere, es el camarlengo quien se ocupa de las primeras tareas. Es él quien debe, así, verificar la muerte del Pontífice y refrendar el certificado de defunción. Contrariamente a lo que describe Dan Brown en su novela, el camarlengo no puede ser un simple cura, en la realidad es obligatoriamente cardenal.

Es cierto, por el contrario, que es uno de los colaboradores más próximos al Papa y que, en consecuencia, le corresponde gestionar todo el período de transición entre la muerte del Santo Padre y la elección del nuevo, periodo llamado de *sede vacante*.

Para dar mayor consistencia a su personaje de Carlo Ventresca y hacer la historia creíble, Dan Brown ha inventado un cierto número de normas a las cuales el camarlengo debe supuestamente ajustarse. Según esto, Ventresca se retira al despacho del Papa esperando el resultado de la elección. Las cosas no ocurren así en una elección real: como cardenal, el camarlengo participa en la elección y tiene, por tanto, derecho a voto.

Puede incluso, al contrario que en la novela, ser elegido sin que esto suponga el mínimo problema constitucional. Por ejemplo, en 1935 un camarlengo se convirtió en Papa con el nombre de Pío XII.

Una vez que se ha verificado y confirmado la muerte del Papa, el camarlengo convoca a los cardenales electores en Roma para el cónclave, que no puede comenzar antes de quince días después de la muerte del Papa y como muy tarde veinte días después. Los Cardenales comienzan a llegar al Vaticano que se transforma, entonces, en una especie de discreta colmena diplomática. Si hoy día no son ya las ricas y nobles familias las que componen el colegio de cardenales, los compromisos a los que se enfrentan sí son todavía importantes. A los cardenales les aguarda mucho trabajo. Primero, durante el periodo de duelo fijado oficialmente en nueve días, se encargan de los detalles prácticos y espirituales de los funerales.

Al mismo tiempo y hasta la elección, son ellos igualmente los que, con el camarlengo, deben gestionar los asuntos cotidianos del Vaticano.

LA ENTRADA AL CÓNCLAVE

Tal y como lo explica Dan Brown, el cónclave se desarrolla obligatoriamente en la Capilla Sixtina, lo que no ha sido siempre así a lo largo de los siglos. ¿Por qué en Roma cuando en otros tiempos la elección se hacía en el lugar de la muerte del Papa? Porque, desde el siglo XX, los soberanos pontificios (y en particular Juan Pablo II) son Papas evangelizadores que viajan por todo el mundo para llevar la Palabra. Como puede imaginarse fácilmente, celebrar un cónclave en el lugar de la muerte del Papa no sería práctico, y podría incluso, en ciertos casos, ser peligroso (por ejemplo si el Papa muere en una dictadura o en un país donde la religión oficial no es el catolicismo). Y ¿por qué en la Capilla Sixtina? Por una parte, porque muchos cónclaves se han celebrado ya ahí y es ya una especie de tradición, pero también porque, como lo confirma la constitución apostólica de Juan Pablo II: «todo conlleva en ella a alimentar la conciencia y la presencia de Dios». Y después como dice el cardenal francés Paul Poupard «los frescos de Miguel Ángel recuerdan a los electores el Juicio que espera a todos» y les impulsa así a votar realmente con su alma y conciencia y no en función de un interés particular o parcial.

En total y como máximo, son 120 cardenales electores los que pueden entrar al cónclave, pero algunos están automáticamente excluidos. Es el caso, por ejemplo de los electores mayores de 80 años que no pueden tomar parte en las votaciones porque se considera que su edad avanzada no les permite ya estar en sintonía con la sociedad moderna. En *Ángeles y demonios*, el cónclave comienza con la ausencia de cuatro cardenales y Dan Brown afirma que es imposible abrir otra vez la capilla para permitir a los que llegan tarde participar en la votación.

En realidad, si los cardenales llegan tarde a un cónclave, sí les sería posible entrar y esta eventualidad está prevista en la decreto.

EL DESARROLLO DE LA ELECCIÓN

El procedimiento de elección hoy en día está muy simplificado para evitar que los cónclaves duren varios meses como ha ocurrido en alguna ocasión. Los cardenales entran en la Capilla Sixtina, una parte del Vaticano clausurada para que el desarrollo del proceso se mantenga en secreto. En *Ángeles y Demonios*, Robert Langdon y Vittoria Vetra entran en la Capilla Sixtina en el capítulo 129, lo que, en la realidad, incluso en caso de crisis grave, sería imposible: nadie que no tenga el rango de cardenal o que no sea un próximo del Papa fallecido puede entrar en la sala del cónclave hasta que éste no haya terminado.

Los electores deben por tanto votar y el Papa no es elegido hasta que no tenga la mayoría de dos tercios, lo que, evidentemente, puede llevar varios días. El primer día, sólo se autoriza una votación, obligatoriamente por la tarde, lo que permite ya ver las grandes tendencias en la elección de los «preferidos». Durante los tres días siguientes, pueden tener lugar cuatro elecciones, pero no más. Esto supone que al final de estos cuatro días, los cardenales han realizado trece votaciones. Si el

primer ciclo no es suficiente para conseguir una mayoría (Juan Pablo II fue elegido en el octavo turno de votaciones) los electores disponen de un día libre que pueden ocupar en discusiones y entrevistas para lograr un consenso.

El segundo ciclo de votaciones comienza con una sola votación la primera mañana de la reanudación del cónclave y tres durante la tarde. Al final de los dos días, si no se ha elegido Papa, los cardenales vuelven a tener un día de pausa y así hasta el decimocuarto día. Es así que en el decimoquinto día se pasa a otro modo de votación para elegir Papa: se impone la regla de la mayoría absoluta. El Papa elegido es simplemente aquel que obtiene el mayor número de votos, como es el caso, por ejemplo, de la segunda vuelta en las elecciones presidenciales francesas.

El sistema evita sí que el cónclave dure más de dos semanas, reduciendo así mismo el riesgo de un vacío de poder.

Juan Pablo II renovó, por otro lado, el sistema para que el voto sea el único modo de elección autorizado. Dicho de otra forma, Dan Brown comete un error al afirmar en el capítulo 136 que un Papa puede ser elegido por «aclamación». Esta elección, llamada también «por inspiración» es en realidad una práctica antigua muy poco utilizada pero presente en el derecho canónico porque representa la intervención directa de Dios en una elección: una unanimidad que se dispensaba porque había sido dictada por Dios a la muchedumbre y a los cardenales, lo que se produce, en efecto, en *Ángeles y Demonios* cuando el camarlengo Ventresca reaparece milagrosamente después de haber lanzado la bomba desde un helicóptero.

Finalmente, Dan Brown inventa también, por necesidades de la trama novelesca, cuando evoca el rol del «abogado del diablo» en la elección del Papa. Si bien esta función existe dentro de un procedimiento, está reservada a los procesos de beatificación. En estos casos, un cardenal investiga en el pasado de la persona a beatificar para verificar la ejemplaridad de su vida y así validar la posibilidad para esta persona de convertirse en santo católico. Para los Papas, no hay nada parecido previsto, ni lo ha habido nunca.

DESPUÉS DEL CÓNCLAVE

Como se dice en la novela, el fin del cónclave se anuncia tradicionalmente por una fumata blanca que hace saber al mundo que los católicos tienen un nuevo soberano pontífice. Esta fumata, que antiguamente se conseguía quemando paja mojada, hoy se consigue más «científicamente» gracias a la química. Después, el decano de los cardenales diáconos pronuncia el anuncio del nombre del nuevo Papa con estas palabras, inalteradas desde hace siglos: «*Anuncio vobis gaudium mágnum: habemus papum...*».

Y ahora... un nuevo papa

En el año 2005, se elige un nuevo Papa, BENEDICTO XVI. El cardenal alemán Joseph Ratzinger fue elegido como cabeza visible de la Iglesia Católica siguiendo las reglas fijadas en 1996 por su antecesor JUAN PABLO II. Antes de su elección, se especuló mucho sobre la nacionalidad del nuevo Papa. JUAN PABLO II fue el primer Papa no italiano en más de quinientos años, por lo que parecía clara que esta posibilidad se repitiera. De hecho, se llegaron a barajar nombres de cardenales no europeos. Mientras que a principios del siglo XX sólo había dos cardenales no europeos, hoy se cuentan casi 60. Es principalmente América Latina la que está fuertemente representada; África no ha sido tampoco olvidada. Por el contrario, la proporción de cardenales italianos no cesa de disminuir.

Esa posibilidad (tan esperada por los reformadores) de la existencia de un Papa no europeo, no se cumplió finalmente. A partir de este momento, todo son especulaciones. ¿Ha significado una derrota de los reformadores y, por tanto, de los católicos que desean una modernización?, ¿significa que ese giro a favor de los desfavorecidos y contra el ultraliberalismo tendrá que esperar?... No nos engañemos, son muchos los que desde dentro de la Iglesia Católica desean un retorno hacia una postura de más autoridad, mientras que en la sociedad también son muchos otros los que dudan de la capacidad de la institución católica de adaptarse a la sociedad del siglo XXI...

Por otra parte, hay que tener en cuenta otro parámetro: el pontificado de Juan Pablo II, uno de los más largos de la Historia, podría haber dado a los cardenales la opción de una especie de reequilibrio, de alternancia con un pontificado más breve. Fue lo que ocurrió en 1958, cuando los electores hicieron nuevo Papa a Juan XXIII después de 19 años de pontificado de Pío XII. Los electores pensaron entonces que Juan XXIII sería un Papa de transición sin un gran relieve. Sería en realidad el artesano de una renovación de la Iglesia con el Vaticano II, pero esto los conclavistas no lo habían previsto...

LAS INSTITUCIONES DEL VATICANO

El funcionamiento administrativo del Vaticano es más bien simple y bastante parecido al de un Estado, en una versión en miniatura. Al frente del Estado, se encuentra el Papa, una especie de monarca que, para tomar las decisiones, se rodea de varias instituciones reagrupadas en lo que se llama la curia romana. Esquemáticamente, la curia es el gobierno papal. La Secretaria de Estado es una especie de Gabinete del Pontífice, dividida en dos secciones, una que se ocupa de los asuntos generales y la otra, de asuntos diplomáticos. La primera se encarga, por ejemplo, de responder a la voluminosa correspondencia del Papa, de coordinar los trabajos de la curia o de manifestar y de hacer aplicar las decisiones pontificales. La segunda, llamada oficialmente «sección de relaciones con los Estados» es el Gabinete diplomático del Vaticano, que acredita a los embajadores extranjeros ante la Santa Sede (en la actualidad hay 178 que gozan de la inmunidad diplomática y que, por razones prácticas, se alojan en la ciudad de Roma y no en la Ciudad del Vaticano, demasiado pequeña) y envía a sus propios embajadores (los «nuncios apostólicos») ante los Estados soberanos. En el organigrama de la curia, después vienen las congregaciones: éstas son comisiones compuestas y dirigidas por cardenales y que asisten al Papa en el ejercicio cotidiano de su poder espiritual. Hay nueve, de las cuales la más conocida es la Congregación para la Doctrina de la Fe. Ésta es, en efecto, la heredera directa de la tristemente célebre Inquisición creada por Pablo III en 1542. Su papel anteriormente era la de combatir a los herejes, y hoy es dar orientaciones oficiales de la doctrina católica. Si bien no condena ya a la hoguera, examina todavía los pensamientos y escritos contrarios a la fe tal como es instruida por la autoridad eclesiástica. El resto de las congregaciones son: para las Iglesias orientales, para el culto divino, para la disciplina de los sacramentos, para las causas de los santos, para los obispos, para la evangelización de los pueblos, para el clero, para la educación católica, y para los Institutos de vida consagrada y de las sociedades de vida apostólicas. Como todo Estado, el Vaticano posee igualmente una institución judicial con tres tribunales importantes: la Penitenciaría apostólica (cuyo papel es juzgar los asuntos de conciencia), el tribunal supremo de la Firma apostólica (que es una especie de Consejo de Estado encargado de dictar derecho en última instancia) y el Tribunal de la Rota romana (encargado principalmente de juzgar a los obispos y un instancia de apelación). Finalmente, la curia se comprende igualmente de consejos pontificales, órganos encargados de aconsejar al Santo Padre en sus decisiones, los consejos se supone están adecuadamente al corriente de los problemas que se producen en el tiempo en que viven. Así existe un consejo pontifical para los laicos que tiene como misión otorgarles un lugar más importante en el seno de la Iglesia.

Además de la curia romana, el Vaticano posee un gobierno que se ocupa de la gestión de los asuntos cotidianos del Estado, ya se trate de supervisar las finanzas o el patrimonio, administrar los museos, los archivos, las bibliotecas o ya sea de hacer funcionar el servicio de correos, el periódico (*l'Osservatore romano*), Radio Vaticano o incluso la banca.

Breve historia animada de los papas

Intrigas de palacio, manipulaciones diplomáticas y estrategias políticas: así es como la Iglesia Católica ha construido su poder. Buscando asentar su legitimidad, anulando a sus enemigos a menudo sin piedad. A lo largo de veinte siglos de historia, la iglesia se ha convertido en una institución gobernada por los Papas «Vicarios de Cristo» pero hombres sobre todo.

«Tú eres Pedro y sobre esta piedra edificaré mi Iglesia». Con estas palabras, de acuerdo con el Evangelio de San Mateo, Cristo habría transmitido a su discípulo Pedro la misión de seguir con su obra. En el Nuevo Testamento, Pedro aparece como el jefe espiritual de la futura Iglesia en repetidas ocasiones.

Jesús pregunta un día a sus apóstoles «¿quién decís que soy yo?», Pedro responde: «Tú eres el Cristo, el Hijo de Dios vivo». De hecho estas palabras le convierten en el primer cristiano. Más tarde Pedro se presenta como un hombre, con sus debilidades y sus dudas, renegando de Jesús tres veces durante la Pasión, quien después de la Resurrección le ofrece su perdón y le confía su Iglesia convirtiéndolo en su sucesor directo. Ésta es la razón por la que se admite que Pedro es el primero de los Papas —aunque el término no es el adecuado ya que no se utilizará y concebirá hasta más tarde— el que recibe su autoridad del mismo Cristo. En consecuencia se considera que la Iglesia actual nace de la voluntad directa de su Fundador, Jesús, y los Papas son los sucesores de los apóstoles.

La misión que Jesús confía a Pedro es anunciar la buena nueva, la Resurrección, a la muchedumbre de Jerusalén. Pregonando su fe y enfrentándose a las autoridades judías. Él continúa esta misión con multitud de milagros y prosaicamente, llevando la fe más allá de las fronteras del Imperio Romano hasta Asia. Alrededor del año 43, los cristianos quieren que vaya a Roma, el corazón del Imperio, para transmitir el mensaje de Cristo y fundar una iglesia. Los cristianos eran considerados como miembros de una secta y la Roma antigua persigue a los seguidores de Jesús.

Por otra parte veinte años después de la supuesta llegada de Pedro, el Emperador Nerón persigue a los cristianos de Roma y el primero de entre los apóstoles es una de sus victimas. Entre el año 64 y 67 (la fecha no se conoce con precisión) es detenido. Según numerosos escritos de la época, Pedro pidió ser crucificado boca abajo en señal de humildad en relación con la crucifixión de Cristo. Su martirio tuvo lugar donde se encuentra hoy el Vaticano al lado del apóstol Pablo.

Este doble liderazgo y doble martirio explican que la Iglesia de Roma sea muy pronto considerada como la única depositaria de la fe y del mensaje de Cristo.

Otro símbolo de gran importancia: Pedro habría sido enterrado —según la versión oficial del Vaticano en la actualidad— bajo la Basílica que lleva su nombre.

Tú eres Pedro

 El nombre de Pedro es la trascripción griega del arameo «Kephas» que significa roca, piedra. Dicho de otro modo, la palabra de Jesús: «tú eres Pedro y sobre esta piedra edificaré mi Iglesia», no debe entenderse sólo en sentido figurado sino también en sentido literal. El cuerpo de Pedro, esa piedra, constituye completamente la fundación del más importante edificio religioso católico. Esto basta para justificar ampliamente a la vez el papel de cabeza de la Iglesia del apóstol Pedro y también la primacía de la Iglesia romana sobre todas las familias de la Cristiandad.

LOS CUESTIONAMIENTOS GNÓSTICOS

Y sin embargo, hará falta tiempo, de hecho muchos siglos, antes de que esta Iglesia se imponga real y definitivamente como el faro de la fe cristiana. Muy rápidamente la nueva religión va a conocer crisis y controversias: desde el siglo II vemos cómo aparecen nuevos textos, en especial los Evangelios gnósticos, como son conocidos. Estos textos son, a semejanza de los Evangelios canónicos, transcripciones de las enseñanzas de Jesús, pero no son aceptados como tales por las autoridades religiosas que los ven más como textos «falsos», hechos en contra, en cierto sentido. Según el Vaticano, habrían sido escritos en esa época por los nósticos (*nosos* significa literalmente «conocimiento»), es decir, fieles deseosos de interpretar de otra forma el mensaje de Cristo.

Estos textos ilustran un aspecto poco conocido de la historia del cristianismo: varias «escuelas» de pensamiento, «sectas», varios «movimientos» de fieles de Cristo coexistían, algunos con una visión más radical de su mensaje, otros con una más estrecha, otros otra más abierta, etc. Dicho de otra forma, desde los primeros tiempos, el cristianismo es una religión fragmentada y la aparición de movimientos contestatarios de algunos siglos más tarde (como la Reforma) no debe ocultar la existencia de divergencias presentes desde el principio entre los primeros cristianos.

Este periodo «nóstico» se vivió como una crisis por los más ardientes defensores de la fe tal y como había sido transmitida por Pedro. Es por esta razón por la que los fieles buscan respuestas a sus dudas. Respuestas que encuentran en las Iglesias fundadas por un apóstol (Esmirna, Éfeso, Antioquia, Roma, etc. y que son, por tanto, destinadas a conservar intacto el verdadero mensaje de Cristo). Más tarde incluso, entre las Iglesias apostólicas, las Iglesias «petrinas», es decir aquellas fundadas por Pedro (Antioquia, Alejandría y Roma), son las que adquieren mayor peso en el mundo cristiano. Poco a poco, Roma se impone finalmente como la escuela de la tradición. Es así que su opinión o la ayuda del obispo de Roma se solicita regularmente por otras Iglesias: de hecho, en el siglo III, el «Papa» goza de autoridad moral, aunque todavía no haya sido institucionalizado.

EL PODER ESPIRITUAL EN ROMA

Los sucesos que se producen en el siglo IV revolucionan no sólo la historia de la nueva religión cristiana sino también la de todo el mundo occidental en los siglos siguientes.

En 312, en la víspera de una batalla importante contra su gran rival Maxence, el emperador Constantino tiene un sueño. Tiene una visión y a la mañana siguiente, antes de involucrar a sus tropas, hace grabar tres grandes cruces blancas sobre los escudos de los soldados, seguro de que con ese signo que le ha sido revelado durante su sueños, va a ganar la batalla. Lo que efectivamente consigue. Algunos meses más tarde, en un edicto firmado en Milán, reconoce la libertad de cultos para todos los ciudadanos del Imperio. Constantino se convertirá al cristianismo y pedirá a sus súbditos abandonar «los templos de la impostura».

Los Evangelios gnósticos descubiertos en Nag Hammadi

En diciembre de 1945 un agricultor egipcio encuentra una vasija con trece papiros atados con cuero cerca de la ciudad de Nag Hammadi. Rápidamente, estos antiguos manuscritos se venden en el mercado negro del El Cairo y el Estado, informado de las transacciones, se interesa inmediatamente y los confisca. Los expertos de todo el mundo se vuelcan en el estudio de este gran descubrimiento arqueológico y consiguen datar los escritos alrededor del año 350. Pero estos manuscritos son una traducción copta de textos más antiguos (probablemente escritos antes del año 120) en griego, la lengua utilizada en el Nuevo Testamento.

Estos textos ofrecen otra visión del cristianismo distinta a la conocida, a menudo más libre y más radical. Por ejemplo, en ellos se encuentra otra versión de la creación del mundo, según la cual la serpiente se convierte en el símbolo de la sabiduría divina y es el reptil que convence a Adán y Eva para que compartan el Conocimiento. Dicen también que la resurrección de Cristo no debe interpretarse literalmente e incluso que Dios es a la vez Padre y Madre, es decir a la vez masculino y femenino. Dicho de otra forma, los textos de Nag Hammadi, en los cuales Dan Brown se inspiró ampliamente para escribir *El Código Da Vinci*, cuestionan la visión única que el catolicismo «universal» ha intentado imponer a lo largo de los siglos.

Los manuscritos de Nag Hammadi

Así, de repente, de religión perseguida, el cristianismo se convierte en religión oficial del Estado. Pero el reconocimiento de esta religión por Constantino tendrá otras muchas consecuencias. Bajo su cayado, por ejemplo, se celebran varios concilios, asambleas de obispos, con el objetivo de regular cuestiones de doctrina religiosa. Hace del concilio una institución cuyo uso pervivirá en adelante.

Por otra parte, en el año 330, Constantino decide transferir la capital del Imperio a Bizancio (la actual Estambul, en Turquía) que va a tomar el nombre de Constantinopla. Haciendo esto, el Emperador concede una libertad sin igual a la Iglesia que, por su parte, permanece en Roma. Así, poco a poco, la Roma imperial se transforma en el espíritu de las masas en una Roma cristiana, en una ciudad santa para los creyentes. Sede del poder espiritual, la Ciudad Eterna se convierte en la ciudad de los Papas. Mientras que el poder temporal se ejerce lejos de ellos, los obispos de Roma van a tener toda la amplitud necesaria para estructurar la institución religiosa.

Una desgracia abate Roma hacia la mitad del siglo VI: los lombardos, nómadas venidos de las orillas del Elba, cruzan los Alpes e invaden Italia, destruyendo todo a su paso y conquistando las tierras que pertenecen al Emperador de Constantinopla. El Papa Gregorio el Grande se apresura a firmar la paz con ellos antes de que caigan sobre Roma.

ESTRATEGIAS POLÍTICAS

La salvación llega de los Francos a mediados del siglo VIII. El Papa Esteban II consagra a Pepino el Breve, a cambio de su protección. Éste se compromete, por tanto, a aportar su apoyo militar al Papa para luchar contra los lombardos. Y mejor aún: las tierras que recupere de los invasores bárbaros, no las devolverá al Emperador de Constantinopla, a quien pertenecen, sino que se las dará al Papa. Así la Iglesia de Roma va a conseguir un territorio, los Estados pontificios.

Un siglo más tarde, en el sínodo de Letrán (1059), el Papa Nicolás II consigue la aceptación de la idea de que el Papa deber ser elegido por los cardenales, mediante un procedimiento que más tarde será conocido con el nombre del *cónclave*, y no designado de forma laica por el poder secular. Después, Gregorio VII, por su parte, reformará la institución religiosa en profundidad, consiguiendo dotarse de plena autoridad y de independencia. Mientras que hasta entonces, los obispos y los priores eran nombrados por los reyes, Gregorio VII dispone que es el Papa, y sólo él, quien puede designar los cargos de su Iglesia.

Esta voluntad de independencia se recibe muy mal por el poder secular y se produce entonces la Controversia de las Investiduras: papas y reyes se enfrentan excomulgándose y deponiéndose. Esta áspera batalla dura más de un siglo y finaliza en el Concilio de Letrán I (1122). Pero en medio, se produce otro acontecimiento de mayor trascendencia histórica: el Papa Urbano II llama a la primera cruzada en 1095 para liberar los Santos Lugares de la opresión del Islam. El llamamiento es atendido y esta cruzada tiene un éxito inesperado: el Papa consigue congregar un ejército para combatir y hacer la guerra en nombre de Cristo. Como un rey o un emperador, el Papa, que posee territorios y es elegido soberanamente, puede a partir de ahora igualmente congregar ejércitos: ¿acaso no es un Jefe de Estado?

Un Papa en particular encarna él solo el equilibrio perfecto en el ejercicio de los dos poderes temporal y espiritual: Inocencio III (1198-1216). Agranda los Estados Pontificios y aumenta las riquezas de la Iglesia Romana, pero despliega también una labor pastoral importante, principalmente permitiendo el desarrollo de las órdenes «mendicantes». Bajo su tutela, los Dominicos y los Franciscanos comienzan a establecerse y estas dos nuevas

órdenes contribuyen al avance de la fe cristiana en Occidente y a una renovación de esta fe, principalmente cerca del pueblo.

LOS PAPAS BAJO LA TUTELA DEL REY DE FRANCIA

Pero el poder absoluto de Roma
se deteriora poco a poco y después
de Inocencio III, la gloria y el prestigio de los papas decrece a medida que se engrandece el poder del
rey de Francia. En 1308, durante
un encuentro en Poitiers, el rey Fe-
lipe el Hermoso exige al Papa Clemente V que deje de ocuparse de los
asuntos políticos, que sea neutral en la elección del emperador germánico
y, en fin, que condene a la Orden de los Templarios cuya fortuna y poder
comienzan a ser dominantes. El Papa se pliega a la voluntad del rey de
Francia, provocando así el arresto de varios millares de Templarios y la
ejecución del Gran Maestre que será quemado vivo. En señal de lealtad y
para mantener cordiales relaciones con el rey, Clemente V se instala en
Aviñón. Este establecimiento, considerado provisional, va a durar, en un
primer momento, más de 70 años y varios papas harán de esta ciudad una
segunda Roma.

Con el Renacimiento, nuevas generaciones de papas alcanzan el poder.
A menudo más instruidos, mejor formados y nutridos de teorías huma-
nistas, se educan para sus realizaciones y sus visiones artísticas. Con seguridad, Julio II (1503-1513) forma parte de estos grandes papas que han
dejado una huella perdurable en la Ciudad Eterna. Además de sus batallas
para reconquistar sus ciudades italianas perdidas, encarga obras a los artistas más prestigiosos de su tiempo. Es con Miguel Ángel con quien mantiene una sólida amistad al encargarle su tumba, que quiere suntuosa y
monumental, en la basílica de San Pedro. Pero, hay que señalar, la basílica

es demasiado pequeña para acoger este monumento. ¡Qué importa! Julio II decide la edificación de una nueva basílica, más grande, más impresionante (la que conocemos hoy) y confía su construcción al arquitecto Bramante. No contento con estas obras mayores, ordena igualmente a Rafael frescos para los apartamentos pontificios, considerados actualmente como obras esenciales del artista. Y, por último, como si todo esto no bastase, encarga a Miguel Ángel realizar los frescos del techo de la Capilla Sixtina, verdadera obra de arte que

precisará cinco años de trabajo. Con Julio II, el Vaticano se impone como uno de los faros de la cultura occidental.

LUCHAR CONTRA LA REFORMA

A los ojos del mundo y de muchos fieles, el Vaticano se ha convertido en sinónimo de lujo en las antípodas del mensaje de simplicidad, de compasión, de amor y de pobreza de Cristo... Los papas no han comprendido en ningún momento que se les pudiera hacer este reproche y volverse contra ellos y su Iglesia. Sin embargo, es lo que ocurre en 1517 cuando Martín Lutero, un monje alemán doctor en teología, denuncia la práctica de las indulgencias. Tachado de hereje por el Papa, y negándose a retractarse, es excomulgado en 1520. Es, ya, demasiado tarde: los escritos y las ideas de Lutero han seducido a numerosas ciudades de Alemania. Sin que hayan siquiera sido conscientes de ello, los papas acaban de vivir una revolución con el surgimiento del Protestantismo y de la Reforma que proponen una vuelta a las fuentes básicas del cristianismo, libre de lo que el Vaticano ha incluido de fastos, pompa, deslumbramiento y de oro. El papado, desbordado por un fenómeno al que no han sabido anticiparse, despreciado, mal gestionado y desacreditado, está obligado a reaccionar. Lo hace en el Concilio de Trento, de 1545 a 1563. Allí, durante años, obispos, príncipes y teólogos combaten la doctrina, intentando arrasarla y volver a poner las cosas en su sitio. El objetivo es claro: combatir la Reforma protestante y suscitar una renovación espiritual católica.

DE GIORDANO BRUNO A GALILEO

Esta voluntad marcada de los papas de volver a una cierta austeridad en el ejercicio de su función tiene, sin embargo, una consecuencia: el catolicismo, sacudido por las guerras de religión que se extienden por casi toda Europa, sintiéndose vacilante, tiende a endurecerse. No se tolera ninguna desviación de la estricta doctrina dictada en el Concilio de Trento. Ahora bien, después del Renacimiento y de la Reforma protestante, los espíritus se han abierto. Las artes han despertado las conciencias y las ciencias hacen su aparición. Intransigentes consigo mismos, los papas lo son también con los demás y Clemente VIII (1592-1605) no duda en condenar por hereje al sabio, poeta, filósofo y antiguo monje Giordano Bruno que es quemado vivo en Campo di Fiori en Roma.

Algunos años más tarde, otro proceso se presenta ante la Inquisición romana: Galileo. El sabio ha publicado una primera obra, *El Mensaje de los Astros,* en la cual demuestra que las teorías copernicanas son ciertas: el cielo es infinito, la Tierra gira alrededor del Sol y no al revés, etc. Este nuevo caso amenaza una vez más a la autoridad papal y Galileo debe a su amistad con el Papa Urbano VIII (1623-1644), ilustrado y amigo de las artes de la ilustre familia Barberini, el salvar la vida. Le perdonan la tortura y la hoguera, pero el sabio es obligado a renegar públicamente de sus teorías.

LA ROMA BARROCA DE BERNINI

Durante este tiempo, Roma se convierte, bajo la influencia del Papa, en la ciudad que es todavía hoy, y la presencia del Barroco se impone como el arte de la Contrarreforma católica: así como los protestantes defienden una visión austera de la religión, los católicos, por su parte, quieren impresionar a sus fieles con el oro y la grandeza de sus monumentos. Urbano VIII confía a Bernini, genial escultor y arquitecto, la realización del monumental baldaquino de San Pedro, hace edificar el Palacio Barberini en la Plaza del mismo nombre, emprende la construcción de la residencia de verano de los papas en Castel Gandolfo, hace erigir la muralla alrededor del Vaticano, restaura el castillo Santo Angelo y amplía la biblioteca Vaticana. Bajo Urbano VIII, Roma revive como centro de un florecimiento artístico sin precedentes desde el Renacimiento. Por el contrario, la ciudad ya no es el centro del mundo y nunca más el papado recuperará el peso político que había podido tener después de la Edad Media.

La influencia de la Iglesia se limita ahora únicamente a cuestiones religiosas, artísticas e intelectuales. Y cuando el siglo XVIII se abre un poco más con los enciclopedistas, las Luces iluminan  dificultosamente el Vaticano. Pío VI (1775-1799), por ejemplo, condena el Siglo de las Luces, considerando que las ideas transmitidas son «¡la obra del mismo Diablo!». Este mismo Papa tendrá mucho trabajo cuando en 1789, los franceses hagan su revolución. Temiendo un movimiento de propagación de las ideas democráticas al resto de la cristiandad, empieza por encarcelar a los franceses de Roma para evitar que organicen reuniones revolucionarias en la ciudad papal. Pero no se contenta con esto y en 1791, condena con firmeza la *Declaración de los derechos del hombre y del ciudadano*, y la Constitución civil del clero, rompiendo las relaciones entre la Santa Sede y Francia. Algunos años más tarde, el papa Pío VII (1800-1823) restablecerá estas relaciones firmando el Concordato con Bonaparte que reconoce el catolicismo como religión oficial de Francia. A cambio, el Papa se somete a quien en poco tiempo será consagrado Emperador: acepta que los obispos sean nombrados por el Estado, como los prefectos, y que presten juramento a Bonaparte.

La Papisa Juana: ¿una mujer a la cabeza de la Iglesia?

¿Han tenido los católicos alguna vez a una Papisa a la cabeza de su Iglesia? Esto es lo que podría pensarse según cuenta la historia de la «Papisa Juana». Esta mujer habría regido de 855 a 857 bajo el nombre de Juan VIII. Disfrazada de hombre, después de haber seguido estudios teológicos y destacando por su gran generosidad, la Papisa habría sido elegida. Pero un día, durante su reinando mientras estaba en el centro de una procesión de fieles, la papisa se agacha y da a luz a un niño. Los fieles, así como el clero, no comprenden qué ocurre ya que la función pontifical está por supuesto reservada exclusivamente a los hombres.

En este hecho hay que buscar el origen de esta leyenda (porque nunca ha habido una «papisa»): esta leyenda ha legitimado, en realidad, la lucha de los partidarios del acceso de las mujeres al sacerdocio...

El Dogma de la infalibilidad papal

El periodo que se abre para el papado es sombrío. Para compensar las humillaciones sufridas, los sucesores de Pío VII adoptan un rigor totalmente reaccionario: en los Estados pontificios, los papas no dudan en torturar y aplicar la pena de muerte; en nombre de la ley de Dios, condenan la vacunación contra la viruela, verdadera plaga de la época, etc. Pío IX (1846-1878) no destaca tampoco por una gran comprensión de los sucesos del siglo. En una celebre encíclica, condena en bloque los estados laicos, la libertad de prensa y de pensamiento, la libertad de culto para los no católicos, etc. En total, ¡80 «errores» que son causa de excomunión! Durante el concilio Vaticano I, promulga igualmente el Dogma de la infalibilidad del Papa y de su primacía universal: dicho de otra forma, en todo el mundo cristiano, es el Papa y sólo él a quien corresponde arbitrar. Y, cuando toma una decisión, no puede equivocarse...

En 1861, Roma es proclamada capital del nuevo reino de Italia en construcción alrededor de la figura del rey Víctor Emmanuel II, de su primer ministro Cavour y de Garibaldi. Pero el nuevo reino se constituye anexando los Estados pontificios. En septiembre de 1870, Pío IX debe enfrentarse a la invasión de Roma por las tropas de la Italia unificada: los Estados pontificios han sido definitivamente vencidos. El Soberano Pontífice, que no posee ya ningún territorio, recluido en el Vaticano, se considera un prisionero. Este desastre político para el Vaticano hubiera podido significar el fin del papado, de su luminiscencia y de su influencia. Sin embargo, privada de un poder temporal que había sido siempre difícil de conciliar con el poder espiritual, la Iglesia va a reencontrar su misión pastoral original, de la que se había alejado mucho a lo largo de los siglos... Al liberarse de sus restricciones territoriales y de sus obligaciones como jefe de Estado, los papas van a conseguir recuperar una influencia que habían perdido.

Los papas en la tormenta del fascismo

Los Acuerdos de Letrán en 1929 ratifican una situación de hecho (la pérdida definitiva de los Estados pontificios «anexados» por el Estado italiano unificado) y regulan una cuestión en suspenso: el lugar y el estatuto de los papas en Roma y en Italia. El Tratado reconoce así al Papa como soberano de su estado, el Vaticano. A cambio, Italia concede una indemnización financiera a los papas (préstamos del Estado por un millardo de liras y 750 millones de liras suplementarias) y reconoce el catolicismo como religión oficial. Estos Acuerdos suscitan bastantes polémicas entre todas las partes y no satisfacen a nadie: ni a los tradicionalistas católicos más radicales que continúan esperando una restauración de los Estados pontificios, ni a los laicos que ven en estos acuerdos una legitimación del Papa del fascismo de Mussolini.

La reforma parece muy necesaria si la Iglesia quiere aún tener cierta influencia en el mundo. Al elegir a Juan XXIII (1958-1963), los cardenales no pueden imaginar ni un instante que este nuevo Papa será el Papa de la apertura del Vaticano al mundo contemporáneo, de la renovación de una religión modernizada. A su llegada la cabeza de la Iglesia romana, Juan XXIII decide convocar un concilio.

Con el Vaticano II, Roma inaugura un nuevo tipo de religión que suscita muchas tensiones en el interior de la Iglesia, entre los progresistas que juzgan que los avances no son suficientes (principalmente en cuestiones como la contracepción y el celibato de los curas, todavía en el centro de los debates en 2005) y los conservadores que juzgan, por su parte, que una religión demasiado permisiva no asume ya su papel.

Son principalmente estos conflictos internos, estas luchas de poder entre las facciones rivales en el seno de las más altas instancias vaticanas, los que explicarán los rumores de asesinato del Papa siguiente, Juan Pablo I. Éste sólo reinará 33 días en 1978 antes de morir tan rápidamente por lo que se sospechará un envenenamiento, aunque nunca se haya confirmado con pruebas.

Con Juan Pablo II se inaugura uno de los más largos pontificados. El primer Papa no italiano desde 1522 asombra y sorprende desde el principio. Este polaco de origen recorre el mundo para llevar la Palabra del Evangelio, fiel en esto a la misión de los primeros apóstoles. Al corriente de las cuestiones de su tiempo, se compromete con los Derechos Humanos sin hacer concesiones, se pronuncia por la paz en tiempos de guerra, anticipa la caída del muro de Berlín, pide perdón por los errores anteriores de su Iglesia, abre un dialogo con las grandes religiones del mundo entero, y sin embargo parece muy reaccionario con los problemas de costumbre y de moral como el celibato de los curas, el SIDA y la sexualidad de manera general. A pesar de esto, es el Papa del tercer milenio, excepcional en muchos aspectos y uno de los primeros en haber situado al papado en el corazón de la sociedad recuperando su dimensión espiritual original. Con Benedicto XVI se abre sin duda una nueva y diferente etapa.

Ya que en veintiún siglos de existencia, la Iglesia romana ha conseguido construir un imperio espiritual mundial y se ha convertido en una institución política. Pero lo ha logrado al precio de luchas de poder a menudo intransigentes y de guerras mortales declaradas en el nombre de Dios.

Muertes violentas y misteriosas de los papas

Los papas asesinados no son una excepción. Pero, de vez en cuando, las muertes permanecen en el misterio y las dudas subsisten, sobre todo debido a que a los papas no se les hacen autopsias para no desacralizar sus cuerpos.

¡La historia de los papas no es un largo río tranquilo! Muertes misteriosas, asesinatos y torturas son, en cambio, moneda corriente, o al menos relativamente frecuentes, desde del principio de la cristiandad. Es necesario recordar que el primero de todos los papas, San Pedro mismo, muere en atroces circunstancias, crucificado cabeza abajo durante las persecuciones de Nerón al principio de nuestra era. Después de él, muchos de sus sucesores inmediatos sufren igualmente el martirio. Antes de la conversión del emperador Constantino en el siglo VI, en efecto, la religión cristiana está prohibida y los adeptos de lo que se considera una «secta» son perseguidos en varias etapas. Desde entonces, la Iglesia, por su parte, ha canonizado a varios de estos papas muertos por el simple hecho de su confesión religiosa.

Es, por ejemplo, el caso del Papa Martín I que muere bajo tortura después de haber sido arrestado y encarcelado por orden del Emperador

Constancio II. Algunos años más tarde, en 258, el Papa Sixto II es sorprendido por los soldados romanos de Valeriano cuando preside una celebración litúrgica en las catacumbas de Roma: es decapitado allí mismo con cuatro de sus diáconos sin ningún tipo de juicio.

VÍCTIMAS DE LUCHAS INTERNAS

Pero los primeros cristianos no mueren necesariamente a mano de los soldados romanos: desde el siglo III, la Iglesia se consume en luchas internas. Así en 222, Calixto I muere en un motín fomentado por el primer antipapa Hipólito que le reprocha negar el principio de la Trinidad y el otorgar demasiado fácilmente el perdón a los pecadores reincidentes.

Por otra parte, una vez que la religión cristiana es reconocida por las autoridades políticas y los papas comienzan a adquirir un verdadero poder temporal, las batallas se endurecen. Los papas ya no mueren apenas en martirio, sino más bien víctimas de sus enemigos más encarnizados: los miembros de su clero... Juan VII, por ejemplo, es víctima de un complot de su propia administración porque se había granjeado la hostilidad de su entorno directo y se había debilitado por sus incesantes campañas contra los sarracenos. Los más altos miembros del clero deciden entonces envenenarlo. Y, como no moría lo suficientemente rápido, le romperán la cabeza a martillazos...

En este aspecto el fin del siglo IX y el siglo X constituyen uno de los períodos menos gloriosos del papado, y los más altos dignatarios de la Iglesia viven en las antípodas del primero de los mandamientos de su religión y

El Papa Formoso, juzgado después de morir

mueren a menudo víctimas de sus propios complots políticos. Obligado a consagrar a Lamberto emperador, el Papa Formoso solicita la ayuda de Arnolfo para que se apodere de Roma. Arnolfo invade Italia y es coronado emperador por el papa; poco después es atacado por una parálisis y muere. Poco después, Formoso muere también en circunstancias misteriosas. Pero la madre de Lamberto quiere vengarse de la traición del Papa hacia su hijo, que ha recuperado su puesto. Obliga entonces al nuevo Papa, Esteban VI a organizar un sínodo que juzgará al Papa difunto. Aunque ha muerto hace nueve meses, Formoso es exhumado. El cadáver desecado del viejo pontífice es sacado de su sarcófago. Se le sienta en una silla y la parodia de un macabro proceso comienza. Un diácono se sitúa junto al Papa muerto para responder en su nombre a las acusaciones. Pero el resultado del proceso no deja lugar a dudas y se concluye con la indignidad de Formoso y la nulidad de los actos de su pontificado. Como si todo esto no fuera suficiente, se despoja al cadáver de sus vestimentas e insignias pontificales con las que había sido enterrado y se tira su cadáver al Tíber.

UN PERIODO SOMBRÍO

Un año después de este episodio, el Papa Esteban IV, por su parte, es victima de una insurrección: despojado del trono pontifical, se le desnuda para vestirle con un hábito de monje antes de encarcelarlo y estrangularlo después. Algunos años más tarde, entre 911 y 963, la Iglesia entra en un período aún más tormentoso que los historiadores han bautizado con el evocador nombre de «pornocracia». El papado está bajo la influencia de mujeres ligeras y se libran las crueldades más diversas (por ejemplo, los dignatarios de la Iglesia son castrados) al tiempo que se organizan orgías en el Palacio de Letrán. Los asesinatos prosiguen igualmente: durante este periodo, el Papa Juan X es arrestado y muerto en prisión por orden de una duquesa toscana. En 884, Juan XIV es asesinado y en 998, Juan XVI corre una suerte terrible: le arrancan los ojos y la lengua, y le cortan la nariz y las orejas. Sin embargo, sobrevive, enclaustrado en una abadía hasta el año 1013...

Aunque los pontificados, después de este período sombrío, son más calmados, terminan en ocasiones brutalmente. Así, en 1774, el Papa Clemente XIV, conocido por haber suprimido la orden de los jesuitas, es envenenado al comer una sandia... Envenenado por un descuido ya que había ordenado a su oficial de degustación preparar esta sandia mortal para un cardenal, cuyos bienes ansiaba Clemente y del que quería desembarazarse haciéndole comer la fruta.

JUAN PABLO I, ¿VÍCTIMA DE UN COMPLOT MASÓNICO?

En la época contemporánea, parece que los asesinatos y las muertes violentas de los papas no son tan frecuentes como en otros tiempos más antiguos. Sin embargo, las intrigas de palacio y las luchas de poder entre facciones rivales en el seno del Vaticano suscitan a veces rumores persistentes. El 28 de septiembre de 1978, el secretario de Juan Pablo I encuentra al soberano pontífice muerto en su cama, con la lámpara encendida y unas notas manuscritas en la mano. Como evoca Dan Brown en *Ángeles y Demonios*, en el capítulo 88, desde el anuncio de la muerte de Juan Pablo I, los rumores de asesinato circulan y persisten a lo largo de los años. La novela reproduce así varios artículos de la *BBC*, del *New York Times* y del *London Daily Mail* de 1998 recogiendo las sospechas de complot fomentada por la Logia P2, un grupo de francmasones italianos cuyo objetivo principal es tratar asuntos comerciales y sospechosa, en ocasiones, de tener relaciones con la Mafia. Como es habitual en casos parecidos, se han divulgado las teorías más descabelladas, una de la cuales llegó a sostener que el Papa había sido asesinado porque había descubierto que Pablo VI, su predecesor, ¡estaba todavía vivo y que había sido reemplazado por un doble!

Juan Pablo I habría sido asesinado, por tanto, porque se disponía a revelar la verdad al mundo entero...

Otras teorías, más «realistas» afirman simplemente que habría sido víctima de una lucha de clanes en el seno del Vaticano. Pero, por supuesto, nunca se ha demostrado que Juan Pablo I, que ejerció su pontificado durante un mes, haya sido asesinado y nadie sabrá jamás la verdad. La Iglesia, de hecho, se ha negado siempre a hacer la autopsia que habría podido acallar todos los rumores o, por el contrario, probar que los partidarios de la tesis del complot tienen razón.

Como afirma en varias ocasiones Dan Brown en *Ángeles y Demonios*, una norma impide que se hagan autopsias a los papas: este tipo de examen médico «desacralizaría» los cuerpos de personas consideradas como los vicarios de San Pedro y de Cristo en la Tierra.

La Ciudad del Vaticano:

un Estado dentro de la ciudad

Residencia del Papa, edificios administrativos, museos, jardines, helipuerto, correos, estación de tren: el Vaticano es un Estado soberano enclavado en la ciudad de Roma.

Con 44 hectáreas de superficie, es decir un poco menos de 0,5 Km², el Vaticano es el Estado más pequeño del mundo cuyas fronteras fueron fijadas por el Acuerdo de Letrán en 1929. Rodeado por todos sus lados por una muralla del recinto medieval, está organizado como un verdadero Estado soberano y tiene todos los atributos de éste: un Servicio de Correos, un cuerpo militar, su propia moneda, un periódico diario (*L'Osservatore Romano*), evidentemente una soberanía territorial, pero también (y es lo más sorprendente) una estación de tren e incluso una radio que emite en el mundo entero.

Los principales edificios están concentrados al norte de la Basílica de San Pedro. Allí, cerca de la iglesia más sagrada del mundo católico, se encuentra la entrada al Palacio Pontificio. Este palacio, cuyas ventanas se abren a la majestuosa Plaza de San Pedro de Bernini, acoge principalmente los apartamentos personales del Papa, desde que el papado se estableció en el Vaticano en el siglo XIV después del regreso de Aviñón. Los

papas abandonaron Letrán y se hicieron edificar un palacio junto a la Basílica de San Pedro. Los trabajos de construcción y los ajustes sucesivos
van a durar varios siglos, y cada Papa hará su contribución.

Además del Palacio Pontifical y de la Basílica, los edificios que ocupan mayor espacio en la ciudad son...
los museos. Acogen cada año a más de seis millones
de visitantes. Abiertos desde 1932, permiten al gran
público apreciar la arquitectura de los diferentes palacios del Vaticano. En efecto, una gran colección de
pinturas y de esculturas está expuesta en los antiguos
palacios edificados por los papas, principalmente du-
rante el Renacimiento. Se visita también la Capilla Sixtina (llamada así porque fue Sixto IV quien la hizo construir) donde se desarrollan, en el mayor
de los secretos, los cónclaves después de la muerte del Papa. La Sixtina es
una obra extraordinaria, no por su arquitectura más bien vulgar, sino por
los frescos de Miguel Ángel que alberga y que se cuentan entre los más
grandes tesoros del arte occidental. El Vaticano debe mucho al Papa Julio II
que confió los frescos de la Sixtina a Miguel Ángel y que encargó también a
Rafael la decoración de sus apartamentos. Las «Cámaras» o *Stanze* están
abiertas hoy en día al público y se cuentan también entre las joyas del arte.

Al oeste, detrás del Palacio del Governatorato (la administración
vaticana), los jardines ocupan cerca de un tercio del territorio. Soberbios,
fueron concebidos por papas sucesivos según los modelos de los jardines
de las grandes villas romanas, con césped, grutas artificiales, fuentes y ar-
bustos de flores. En el extremo oeste de este pulmón verde, se encuentra
el helipuerto donde despega y aterriza el helicóptero personal del Papa
para sus desplazamientos.
Cerca de un millar de personas viven en el Vaticano permanentemen-
te y tienen un doble pasaporte, el de su país natal y el de la ciudad ponti-

ficia. Entre estos residentes, una centena son guardias suizos, cardenales, diplomáticos y religiosos. Estos habitantes no pagan ningún impuesto, el Estado se financia exclusivamente por el dinero del culto, las visitas de los peregrinos y los turistas al Vaticano y de varios depósitos financieros internacionales.

Leyenda del mapa de la Ciudad del Vaticano

1. Museos Vaticanos.
2. Edificio medieval del palacio pontificio.
3. Capilla Sixtina.
4. Edificios del palacio pontificio cerrados al público.
5. Acceso a la Sacristía y al Tesoro de San Pedro.
6. Sacristía y Tesoro de San Pedro.
7. Acceso a las grutas sagradas vaticanas.
8. Acceso a la cúpula de San Pedro.
9. Oficina de información para los peregrinos.
10. Sala de audiencias pontificias.
11. Colegio Teutónico.
12. Palacio del Tribunal.
13. Iglesia de San Esteban de los Abisinios.
14. Estación de tren del Vaticano.
15. Palacio del Governatorato.
16. Dirección de Radio Vaticano.
17. Estatua de bronce de San Pedro.
18. Fuente de la Aquilone.
19. Academia vaticana de ciencias.
20. Casina de Pío IV.
21. Torre de los Vientos.
22. Fuente del Sagrado Sacramento.
23. Barrio norte de la ciudad, principalmente servicios técnicos.
24. Caserna de la Guardia Suiza.

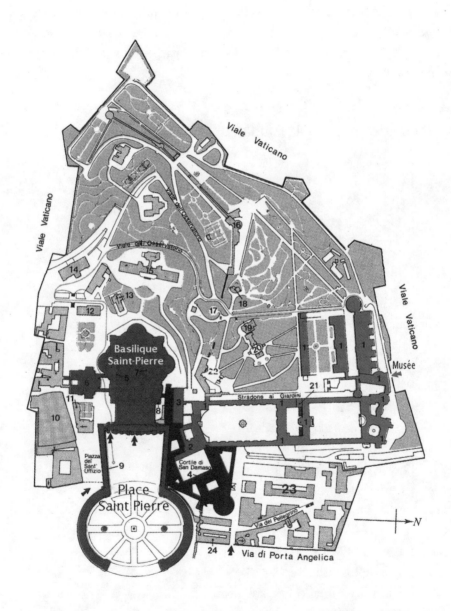

La guardia suiza, un escuadrón secreto y elitista

Los guardias suizos tienen un papel principal en **Ángeles y Demonios.** *Son, en el Vaticano, la guardia cercana del Papa, la policía del Estado y los servicios secretos. Una especie de ejército perfectamente entrenado y cuyo sistema de reclutamiento no ha cambiado desde el siglo XVI.*

Conocidos por los turistas por su curioso uniforme colorido y un poco anacrónico, los guardias suizos ocupan en *Ángeles y Demonios* un lugar importante durante toda la historia. Aparecen como la guardia cercana del Papa y como personas importantes en el Vaticano; también como una especie de policía, de ejército y de servicios secretos del Estado. Es verdad que los guardias suizos son un poco todo esto a la vez. Su historia se remonta a 1506 cuando el gran Papa Julio II hizo venir a Roma a mercenarios suizos para defender a la Iglesia. En esa época, los soldados helvéticos eran famosos en Europa entera y la Confederación era un país pobre, por lo que eran muchos los jóvenes que aceptaban enrolarse en el extranjero para combatir. Su valentía y su fidelidad eran legendarias, y varios papas desde hacía un siglo, habían hecho ya un llamamiento a los suizos para defenderse. Pero Julio II fue

quien creó verdaderamente la Guardia suiza pontificia y la estableció dentro del Vaticano.

Sufrió su primera derrota y grandes pérdidas durante el Saqueo de Roma el 6 de mayo de 1526. La mayoría de los 200 soldados fueron masacrados en su intento de defender al Papa Clemente VII. Clemente emprende la huida: desde el Vaticano, por el «*Passetto*» (el pasaje secreto entre el Vaticano y el castillo de Sant'Angelo que se cita varias veces en la novela de Dan Brown), llega a su castillo de Sant'Angelo y sólo los suizos que le acompañan sobreviven. Desde entonces, cada 6 de mayo es un día esencial en la vida de los guardias suizos ya que en esa fecha los nuevos oficiales reclutados toman juramento delante de una multitud de oficiales (representantes eclesiásticos, pero también el cuerpo diplomático helvético, romano, etc.).

El juramento es leído: «Juro servir fielmente, lealmente y de buena fe al Soberano Pontífice reinante y a sus legítimos sucesores, dedicarme a ellos con todas mis fuerzas, sacrificando si es necesario mi vida en su defensa. Asumo los mismos deberes frente al Sagrado Colegio de cardenales durante la vacante de la Sede Apostólica. Prometo, además, al comandante y a los otros superiores, fidelidad y obediencia. Juro observar todo lo que el honor exige de mi estatus».

A la salida de este juramento los nuevos reclutas son llamados uno a uno. Con una mano sobre la bandera de la guardia suiza y la otra con tres dedos extendidos simbolizando la Trinidad, cada nuevo guardia declara:

«Juro observar lealmente y de buena fe todo lo que me ha sido leído y que Dios y los Santos me asistan».

Puede entonces comenzar la vida de los reclutas en el seno del Vaticano. Consiste esencialmente en turnos de guardia delante de las entradas de los edificios importantes de la ciudad. Son, por ejemplo, los guardias suizos los que hacen respetar las normas de buen comportamiento en la Basílica de San Pedro, pero también son ellos los que guardan los apartamentos privados del Papa, la secretaría de Estado, etc. Su función es por tanto importante y aunque su uniforme no se parece en nada a los de los militares o policías de otros Estados, los guardias suizos asumen bien sus funciones de defensa y de policía.

Su uniforme, justamente, ha contribuido a forjar la reputación de la guardia suiza entre el gran público: una foto con estos hombres vestidos de colores chillones, portando una lanza y un casco como si estuviéramos aún en el Renacimiento es seguramente uno de los mejores recuerdos al regreso de unas vacaciones en Roma.

A menudo atribuido a Miguel Ángel, el uniforme no ha sidodiseñado por el genial artista; al menos no hay datos que permitan afirmarlo. Se sabe, por el contrario, que es el resultado de varios siglos de retoques sucesivos. Al principio, el uniforme era simplemente de un azul profundo. Después, cuando el Papa León X, uno de los Médicis, fue elegido, añadió el amarillo y el rojo para formar el tríptico de color de su célebre familia.

Bastantes años más tarde, un comandante de la misma guardia será quien, a principios del siglo XX, retocará la forma del uniforme para que se pareciera al que los guardias suizos llevan en uno de los frescos de Rafael.

Las condiciones de admisión

¿Quiere ser usted un guardia suizo? ¿Por qué no? Simplemente tendrá que cumplir un cierto número de condiciones muy precisas:

- Ser ciudadano suizo.
- Ser católico romano.
- Tener una reputación irreprochable.
- Haber terminado con éxito la instrucción en la escuela de la guardia que se encuentra en Suiza.
- Tener entre 19 y 30 años.
- Medir, como mínimo, 1,74.
- Ser soltero.
- Haber terminado una formación mínima de una escuela secundaria de segundo grado.

El casco tradicional

Los Archivos secretos del Vaticano

¿Los Archivos Secretos del Vaticano encierran pesados misterios que la Iglesia quisiera ocultar al mundo entero? Quizás. Pero son sobre todo una biblioteca muy cerrada, rica en manuscritos, que se encuentra entra las más apreciadas por el mundo occidental.

Ángeles y Demonios describe los Archivos Secretos del Vaticano como nos los imaginamos: llenos de gruesos manuscritos liados, escondidos en los secretos de los palacios renacentistas del Estado Católico; impenetrables para la mayoría de los mortales. En una palabra: ¡secretos! Dan Brown llega incluso a imaginarse un sistema de conservación de los manuscritos en habitaciones comprimidas detrás de barreras de cristal, blindadas, para evitar que el aire destruya las preciadas reliquias, lo que da lugar a un episodio inquietante cuando Robert Langdon está a punto de morir asfixiado consultando un manuscrito de Galileo.

Sin embargo, y aún a riesgo de decepcionar al lector siempre dispuesto a dejar inflamar su imaginación, es preciso decir que los Archivos Secretos Vaticanos no se parecen en nada a la descripción novelesca que hace Dan Brown. El autor americano no es, por otra parte, el único en hacer de ellos el marco de aventuras extraordinarias, ya que estos archivos evocan antiguos misterios de dos milenios.

Su creación se remonta al siglo XII, bajo el pontificado de Inocencio III, y encierran documentos que relatan la historia del mundo occidental desde los primeros cristianos. Desgraciadamente, los Archivos Secretos han tenido una historia caótica y no todo lo que había reunido Inocencio III ha llegado hasta el siglo XXI, numerosos manuscritos han sido destruidos durante el Saqueo de Roma en 1527 o perdidos cuando los archivos fueron desplazados a Paris durante el reinado de Napoleón.

LOS MANUSCRITOS DE GALILEO

Sin embargo, los Archivos son un lugar extraordinario de conservación de múltiples documentos valiosos. Encierran, en efecto, tesoros, entre los cuales figuran efectivamente los manuscritos de Galileo. Así se encuentra un volumen entero escrito a mano por el sabio, de tanto valor que es prácticamente imposible consultarlo. Originalmente, el Vaticano poseía tres, pero los otros dos se han perdido a lo largo de los siglos.

Por el contrario, no hay rastro del manuscrito que está en el centro de la acción de la *Ángeles y Demonios*, el famoso *Diagrama* de Galileo. Oficialmente, los Archivos Secretos del Vaticano no poseen ningún manuscrito con este título. ¿Qué puede significar esto? Dos cosas: o bien Galileo nunca lo escribió (aunque sabemos que algunos escritos científicos han desparecido) o bien que el Vaticano lo guarda, pero lo mantiene en secreto. La primera hipótesis es, desgraciadamente para los amantes de enigmas históricos, la más probable, por no decir que la cierta. ¿Por qué la Iglesia ocultaría este manuscrito cuando en 1992 ha entonado su *mea culpa*, afirmando que se equivocó al condenar a Galileo? Sería sorprendente que el Vaticano conserve este documento sin ponerlo a disposición de los investigadores.

Por tanto, éste no es el tipo de manuscritos que ha dado fama a los Archivos Secretos. En realidad, han sido bautizados así porque, desde siempre, se han almacenado y conservado en ellos los archivos de los diferentes papas. Se pueden encontrar la correspondencia personal, los documentos administrativos relativos a su pontificado, las grandes decisiones políticas y doctrinales, y todos los actos pontificios como las bulas, etc. Dicho de otra forma, la palabra «secretos» se debe entender no en su acepción de «misteriosos» sino en el sentido de «personal», de «privado».

Lo uno, sin embargo, no impide lo otro...

EL TERCER SECRETO

Así, los documentos sobre los pontificados de los papas no son todos accesibles al gran público. Esto se refiere sobre todo a los más recientes. El retraso que impone el Vaticano antes de permitir la consulta de los archivos papales podría hacer suponer que la Iglesia busca preservar grandes secretos, que hay cosas que esconder... Si éste no es el caso ¿por qué, podemos preguntarnos legítimamente, no autoriza a los investigadores a consultar libremente el conjunto de los archivos?

El Liber Diurnus, *uno de los tesoros de los Archivos Secretos*

Unas condiciones de acceso draconianas

Los archivos secretos del Vaticano. Quizás. Se imponen condiciones de acceso draconianas. Sólo se admiten a aquellos los investigadores que posean como mínimo una licenciatura universitaria para para poder acceder a estos documentos del Vaticano.

Pero esta condición no es suficiente. Es necesario enviar un pliego explicativo al Prefecto del Vaticano, ser investigador de un instituto de investigación científica acreditado por el Vaticano o bien tener una carta de recomendación de un profesor altamente cualificado y haber recibido formación en investigación histórica de archivos. Igualmente hace falta precisar, en el pliego explicativo, el ámbito en el que se desarrollará la investigación. Por último, cuando se admite a un investigador, se le hace la precisión de que los archivos están abiertos sólo hasta el año 1922, los años posteriores a esta fecha continúan siendo, en efecto..., secretos.

El Vaticano, por su parte, esgrime otro argumento, válido y justificado: es necesario un tiempo para preservar a las personas aún con vida de todo atentado a su vida privada y hace falta un período de tiempo también para archivar, clasificar y realizar el trabajo de conservación.

Podemos afirmar, con certidumbre, que la Iglesia esconde sus secretos en los Archivos.

Por ejemplo, el tercer secreto «revelado» por la Virgen de Fátima, en Portugal, a comienzos del siglo XX, ha estado escondido sin que nadie (excepto el mismo Papa) pudiera tener acceso. De igual forma, podemos ciertamente encontrar en los archivos documentos sobre el arresto de los Templarios en el siglo XIV, su proceso y, por qué no, sobre su supuesto tesoro.

A la inversa, es necesario reconocer que la Iglesia ha sabido demostrar mayor apertura en su política de consulta de los Archivos, cuando esto podía ayudarla en asuntos espinosos. Alcanzado y salpicado por la polémica de su comportamiento durante la Segunda Guerra Mundial, el Vaticano ha autorizado a los investigadores y a los científicos a consultar los archivos de esa época cuando estaban aún teóricamente protegidos por el secreto. Juan Pablo II decidió, con esta óptica, permitir a los historiadores verificar por ellos mismos si el Papa Pío XII había tenido o no un comportamiento excesivamente benevolente con el nazismo. Una política de transparencia bienvenida, incluso si se puede suponer que ha habido un gran cuidado para asegurar que la apertura de los Archivos no perjudicaba a la Iglesia.

Por último, hay que constatar que los Archivos del Vaticano no tienen gran cosa de secreto en la medida en que actualmente son accesibles en parte por Internet. Al menos, se puede consultar el índice de fondos disponibles y saber exactamente qué documentos y manuscritos pueden encontrarse en ellos... No se puede pensar que los Archivos sean únicamente un sitio desordenado lleno viejos documentos, un lugar polvoriento que encierra secretos seculares, sino más bien como una memoria viva del cristianismo.

Tan viva que de cientos de miles de páginas de documentos del Vaticano se archivan cada año, ¡representando un crecimiento de cerca de un kilómetro de pasillos cada doce meses!

El Concordato de Worms, *otros de los preciosos manuscritos vaticanos*

Las actas pontificales conservadas en los Archivos

Si los Archivos contienen pocos documentos originales de los primeros tiempos de la Cristiandad (debido a la mala conservación de los papiros), no ocurre lo mismo con documentos escritos en siglos más recientes. Cuantos más nos acercamos a los tiempos recientes, más importante es el número de documentos conservados: así, podemos encontrar una cincuentena de manuscritos originales que se remontan al siglo XI, por más de 30.000 del siglo XII. Entre estos documentos, los Archivos guardan principalmente las actas pontificales, es decir tanto las bulas papales como los breves, los archivos de las nunciaturas o bien aquellos de las grandes familias que han contado con papas entre sus rangos (los Borguese por ejemplo). La bula papal es un acto jurídico, una especie de ley o de decreto del soberano pontífice sobre un punto doctrinal o de fe. Se les llama así porque está cerrada y autentificada por un sello de plomo. Finalmente, los breves son la correspondencia de los papas, las cartas que envían a lo largo de su pontificado. Estas cartas están también autentificadas por un sello específico de cada Papa y que se rompe después de su muerte.

¿Dónde está enterrado San Pedro?

La leyenda dice que San Pedro está enterrado bajo la basílica romana del Vaticano. La Iglesia afirma haber identificado su tumba y su osamenta. Los científicos por su parte, dudan más, en tanto que ni siquiera está demostrado que el Apóstol estuviera alguna vez en Roma...

En el capítulo 118 de *Ángeles y Demonios*, Dan Brown revela la posición de la bomba antimateria que amenaza con destruir el Vaticano: se encuentra en la tumba de San Pedro: «Tú eres Pedro, y sobre esta piedra, yo edificaré mi Iglesia»; esta frase pronunciada por Cristo es interpretada literalmente por Dan Brown. El camarlengo Ventresca explica a Langdon que la Iglesia (tanto en sentido espiritual como literal) está construida sobre el cuerpo martirizado de Pedro, enterrado en una necrópolis que se encuentra bajo la Basílica.

Esta necrópolis preconstantina fue descubierta en los años 40 durante unas obras ordenadas por el Papa Pío XI. Los arqueólogos sospechaban de la existencia de estos vestigios desde hacía mucho tiempo. Se realizaron excavaciones por orden de Pío XII. Los investigadores descubrieron en el subsuelo dos filas de tumbas situadas en alineamiento exacto con la

Basílica. Se dató esta necrópolis en los siglos I y II después de Jesucristo, gracias principalmente a los símbolos de las divinidades paganas descubiertos en los muros (dioses egipcios, pero también llaves de la vida egipcias, etc.).

EL «DESCUBRIMIENTO» DE LA TUMBA

Todo esto no tendría nada de extraordinario (después de todo, estamos en Roma y el subsuelo está lleno de vestigios antiguos parecidos) si en diciembre de 1950, Pío XII no hubiera hecho un anuncio como mínimo sorprendente e importante, retransmitido por Radio Vaticano: durante las excavaciones arqueológicas en la necrópolis, se ha encontrado, afirma, la tumba de San Pedro. Por supuesto, la tradición cristiana sostiene que el Apóstol fue crucificado sobre la colina del Vaticano alrededor del año 64, pero esto, hasta este «descubrimiento», no era más que una suposición bien anclada en la creencia popular. Una creencia que la Iglesia romana había mantenido como cierta a lo largo de los siglos, porque legitimaba la supremacía del obispo de Roma.

Pero la tradición es una cosa, y la ciencia otra e incluso la Iglesia sabe, cuando es necesario, sacar partido de las disciplinas que sin embargo a menudo ha perseguido: el descubrimiento científico de la tumba de San Pedro aporta, en cierto sentido, la «prueba» de que la Iglesia de Roma fue fundada por San Pedro. Pero haciendo este anuncio muy publicitado, el Papa Pío XII abría un largo periodo de batallas entre expertos y también de dudas.

La supuesta tumba del Apóstol se encuentra justo debajo del altar papal, bajo el centro del coro de la Basílica actual, exactamente bajo la Cúpula de Miguel Ángel, lugar donde sucede la acción culminante en la novela. Para los católicos, la presencia de la tumba en este lugar, el más simbólico de todos, constituye una prueba en sí misma: es el signo de que hay una voluntad clara y precisa de construir la basílica precisamente en este lugar y no en otro, en tanto que desde siempre (es decir desde la época del

Emperador Constantino) el altar papal se ha situado encima de esta tumba. Ésta se representa como un simple y pequeño edículo cavado en un muro recubierto por un enlucido rojo y rodeado de dos paredes laterales de mármol.

El martirio de San Pedro

Pero ¿cómo se llega a afirmar que este monumento, suma de toda modestia, es la tumba de San Pedro? Cuando las excavaciones comienzan a principios de los años 40, se confiaron a un arqueólogo cristiano, Antonio Ferrua, un monje jesuita y son supervisadas por Monseñor Kaas. No hace falta decir que la objetividad corre el riesgo de estar ausente. Y, sin embargo, Ferrua excava y busca incansablemente durante más de diez años. Rápidamente, Kaas comprende que el arqueólogo es demasiado «científico» y «objetivo» y prohíbe a todo el mundo acercarse a las excavaciones sin su autorización. En 1950, Ferrua entrega su informe: nada permite afirmar, según él, que la necrópolis, bajo la Basílica de San Pedro, contenga la tumba del Apóstol que, sin embargo, todos esperaban encontrar. En un decenio de investigaciones, los arqueólogos no han encontrado ninguna inscripción que mencionase la presencia de Pedro; nada, ni siquiera el menor indicio. Y, desde luego, no es precisamente porque por las autoridades del Vaticano no presionaran a los arqueólogos con toda la firmeza posible. Años más tarde, Ferrua reconocerá, por otra parte, que no se le había permitido publicar todo lo que él quería sobre sus investigaciones.

LAS EXCAVACIONES CONTROVERTIDAS

Pero la Iglesia, decidida a no dar la cara, retoma las excavaciones, esta vez sin contar con Ferrua y sus arqueólogos demasiado celosos. Como por casualidad, es ahora cuando el nuevo elemento hace su aparición. Monseñor Kaas acude solo a las excavaciones. Constatando que el monumento que supuestamente alberga la tumba de San Pedro no ha sido explorado correctamente, descubre en el interior osamentas que se lleva y oculta. Después de su muerte, una investigadora, Margherita Guarducci, una epigrafista próxima al Vaticano, que había recogido la antorcha, las descubre por azar y por suerte.

Entonces se obstina en probar que estas osamentas pertenecen al Apóstol y solicita una investigación. La conclusión no es una sorpresa: estas osamentas son de un hombre de más de 70 años, que había muerto en el siglo I de nuestra Era. Como Pedro. Milagrosamente, y mientras que Ferrua no había encontrado el menor indicio en diez años de excavaciones, Guarducci, descubre una inscripción junto a la tumba que traduce como «Pedro está aquí». Y, por último, sobre la misma tumba, afirma ver inscripciones que revelan una mística codificada y compleja que hace referencia al Apóstol. En resumen, sus conclusiones son evidentes y sin dudas: la tumba que se encuentra en la necrópolis bajo el altar papal es la de San Pedro y además ¡las osamentas encontradas son las suyas! El Papa Pablo VI ratifica sus conclusiones en 1968 y reconoce oficialmente estas osamentas como reliquias, declarándolas «dignas de nuestra devoción y de nuestra veneración». He aquí una investigación arqueológica perfectamente dirigida y que compone completamente los asuntos de la Iglesia... demasiado, quizás. En la actualidad, los trabajos de Guarducci son viva y unánimemente criticados por la comunidad científica mundial por haberse realizado sin el rigor, la distancia y la autocrítica necesarias en todo trabajo científico. Por otra parte, otras investigaciones, practicadas más tarde, probarán que las osamentas no pertenecen a una sola persona y que hay también huesos de caballo, de cerdo, de niño, de mujer y de un hombre de unos cincuenta años...

Dicho de otra forma, es altamente improbable que la tumba y las reliquias reverenciadas hoy día como las del Apóstol Pedro y oficialmente reconocidas como tales por el Vaticano, sean efectivamente las suyas. Por otra parte, históricamente, no es siquiera seguro que Pedro hubiera estado en Roma. Nada, excepto la tradición mantenida por la Iglesia romana, atestigua su paso por la ciudad. El *Libro de los Hechos de los Apóstoles*, que narra la vida de los Apóstoles después de la muerte de Jesús, habla de Pedro hasta el año 44, en Jerusalén, pero no hace ninguna mención a él posteriormente. Por otra parte, en las siete cartas que escribió desde Roma, el Apóstol Pablo no menciona jamás a Pedro (con el cual, según la tradición, se supone que se encontró), ni siquiera cuando cita, dándoles las gracias, a más de treinta amigos...

¿VIVIÓ SAN PEDRO EN ROMA?

En realidad, es en los años 200 cuando, por primera vez, la presencia del jefe de los Apóstoles se sitúa en Roma. Ahora bien, es en esta época en la que la Iglesia romana comenzó a afirmar su autoridad sobre las otras

Iglesias locales y en la que el obispo de la capital del Imperio interviene para dar su interpretación de la doctrina (ya que el cristianismo estaba dividido por los movimientos gnósticos). Afirmar la presencia del Apóstol Pedro en Roma justificaba, por tanto, la primacía del obispo de Roma sobre los demás y se puede suponer que es exclusivamente esta razón «política» de la que nace la leyenda del martirio romano de Pedro.

E incluso, imaginando que Pedro hubiera vivido en Roma, que hubiera encontrado la muerte martirizado sobre la colina del Vaticano durante las persecuciones de Nerón: ¿hubiera sido enterrado bajo la Basílica actual, en la necrópolis? Esto, como hipótesis es como mínimo improbable. «No podemos estar seguros de que el cuerpo de San Pedro haya sido recuperado después de su martirio para ser inhumado por la comunidad cristiana», afirman los historiadores Toynbee y Perkins en su libro *The Shrine of St. Peter And The Vatican Excavations*, publicado en 1958. «En tiempos normales, el cuerpo de un extranjero y un criminal ordinario a los ojos de la Ley podría haber sido lanzado al Tíber». Ahora bien, en esta época, la pertenencia a la secta cristiana es un crimen grave, penado con la muerte: ¿cómo, entonces, imaginar que los cristianos pudieran ser enterrados, un honor que no se concede siquiera a los criminales «ordinarios»? Por otra parte, el culto de Pedro y de las reliquias de santos no aparece hasta más tarde. En el siglo I, de hecho, los cristianos esperan la Parusia, es decir, el regreso de Cristo a la Tierra y el fin del Mundo. «No se prestaba, por tanto, ninguna atención a la preservación de reliquias en esta época como sucede más tarde cuando el miedo a la inminencia del fin del mundo desaparece y el culto a los mártires hace su aparición», precisan los historiadores. «Por consecuencia, la hipótesis según la cual el cuerpo de San Pedro no haya sido recuperado para ser sepultado es verosímil».

Entonces, si no es la tumba de Pedro ¿qué es entonces este templete erigido en el centro de la Basílica, en un lugar simbólico? Algunos historiadores piensan que se trata de un monumento erigido en honor del Apóstol en el siglo II (fecha probable de su construcción) y que no fue considerado una sepultura hasta más tarde, debido a una deformación de la tradición popular. Otros científicos dan otra explicación: si este templete ha sido reverenciado desde el Siglo II como la tumba de Pedro, es por una declaración del canónico Gayo que vivió en su época, y que afirmó en una carta que se podía ver en Roma los monumentos de los Apóstoles y principalmente «el monumento coloreado que sostiene a la Iglesia». Está historia fue después recogida por varios escritores que la mencionaban en sus obras y que se ha interpretado algunos siglos más tarde: por deformación, se pensó que el monumento coloreado en cuestión era el templete rojo que se encontraba en la Colina del Vaticano. Resultado: cuando Constantino puso los cimientos de la Basílica cristiana en Roma, elige hacerlo donde se pensaba que Pedro estaba enterrado.

Pero la tumba, que millones de fieles visitan cada año en el Vaticano, es verdaderamente una leyenda sabiamente sostenida por la Iglesia y muy alejada de la verdad histórica...

Parte II

Sociedades secretas y conspiradores

Los Illuminati, ¿un complot para un nuevo orden mundial?

Para algunos, los Illuminati son una sociedad secreta más bien inofensiva, extinguida después del siglo XVIII. Para otros, es una orden todavía activa hoy día y que conspira para imponer un nuevo orden mundial. Se habla así de sus vínculos con la francmasonería... He aquí la verdad sobre una sociedad secreta convertida en mítica.

Como siempre en Dan Brown, la historia no estaría completa si el héroe de la novela no se enfrentase a una sociedad secreta. En *El Código da Vinci* era el Priorato de Sión, en *Ángeles y Demonios* se trata de los Illuminati. Este movimiento es una realidad histórica ya que efectivamente han existido.

Creada en mayo de 1776, la orden de los Iluminados de Baviera fue fundada por Adam Weishaupt, un profesor de derecho canónico de la Universidad de Ingolstadt, en Alemania. El hombre se sentía muy orgulloso de sí mismo y aunque había triunfado socialmente (es a los 27 años el decano más joven de la facultad de derecho), considera que no es reconocido en su justo valor por sus iguales y por la sociedad. Principalmente quiere combatir la dominación de la Iglesia Católica y, en particular, a los jesuitas, considerando que los religiosos hacen planear el oscurantismo sobre el mundo. Para luchar contra estas «fuerzas oscuras» funda la orden de los «Iluminados», cuya intención original es la de arrojar una luz laica sobre la sociedad y promover la filosofía de las Luces (da ahí el nombre) de Voltaire o Diderot.

UNA ORDEN ANTICLERICAL

Desde su origen, el movimiento es, por tanto, claramente anticlerical. Sin embargo, paradójicamente, Weishaupt rodea su sociedad secreta de todo un conjunto ceremonial que toma prestado a la religión que está decidido a combatir. Los Illuminati están, por ejemplo, muy estructurados y muy jerarquizados (como la Iglesia) con miembros que pueden ser bien «novicios», «minervales» o «minervales iluminados» para los de más rango. Las enseñanzas se dispensan por un miembro de grado superior y los «alumnos» no se conocen: se respeta un estricto hermetismo a fin de preservar mejor las actividades y los secretos de la orden. Así, cada miembro conoce a su superior directo. Se instituye la delación y el espionaje entre miembros como una práctica que permite, otra vez, mantener la impermeabilidad de la orden.

Los Iluminados practican por otra parte un cierto número de ceremonias, ritos de iniciación y códigos de los que no se conoce gran cosa, excepto que se han tomado prestadas de la francmasonería alemana. Un año después de haber creado la orden, Weisphaupt, en efecto, se hace entronizar masón, lo que le permite legitimar su propia sociedad.

Los miembros de la orden adoptan seudónimos tomados prestados de la antigüedad, época considerada más abierta, donde se enseñaban las ciencias y donde el catolicismo no mantenía una losa de plomo sobre las mentalidades y las costumbres. Es así que, en el lenguaje de los Iluminados, Baviera se convierte en Grecia, su capital, Munich, era evidentemente Atenas. Respecto a Weishaupt, se hace llamar ¡Espartaco! Una transposición que Dan Brown retoma, por su parte, en su novela, ya que el «jefe» de los Illuminati se llama Janus.

En algunos años, la orden consigue reclutar varios centenares de adeptos. Muy rápidamente, la vocación filosófica inicial de los Iluminados sufre una desviación: la orden no sólo tiene como ambición educar a sus miembros, sino que querrá luchar concretamente contra la Iglesia y su aliado más valioso, la monarquía.

¿Llegan a ser las actividades de los Illuminati realmente molestas para los poderes establecidos? En cualquier caso, un primer edicto, en 1784, prohíbe la orden. Como fachada, los discípulos suspenden entonces sus actividades, pero permanece la relación entre ellos y oficiosamente, se supone que continúan conspirando. Un año después, en 1785, un segundo edicto prohíbe definitivamente los Illuminati y obliga a Weishaupt a dimitir de su puesto en la Universidad y exiliarse en otra ciudad.

Oficialmente, después de esa fecha, los Iluminados de Baviera dejan de existir. Pero su leyenda no ha hecho más que comenzar.

Illuminati y francmasones

Según esta leyenda, los exmiembros de la orden se habrían infiltrado en las diferentes logias europeas de francmasones después del primer edicto de prohibición. Así, podrían encontrarse antiguos Iluminados entre los masones alemanes, franceses e ingleses del siglo XVIII, que habrían continuado sus actividades de forma clandestina, iniciando a los francmasones anticlericales en sus ritos y consiguiendo, así, secretamente, alistar nuevos reclutas.

Si es del todo probable que antiguos miembros de la orden de Weishaupt se hayan reencontrado en la francmasonería después de la desaparición de su orden, nada prueba, por el contrario, que hayan «inundado» las logias para ponerlas a su servicio. Ya que detrás de la idea de la infiltración, se disimula un buen número de teorías del complot que son interesantes de revisar, incluso si estas tesis se encontraran en un mejor sitio que en una obra de ficción...

La Revolución Francesa

La versión más extendida es que los Illuminati están en el origen de la Revolución Francesa que, con un baño de sangre, ha conseguido terminar con el poder absolutista de la monarquía y ha debilitado al clero ampliamente.

Un autor en particular está en el origen de esta hipótesis, John Robison, matemático y profesor de filosofía natural en la Universidad de Edimburgo, que publica en 1798 una obra titulada *Pruebas de una conspiración contra todas las religiones y los gobiernos de Europa*. Robison es él mismo francmasón y, desde esta condición, explica que ha conseguido las pruebas de que antiguos Iluminados se han infiltrado en las logias francesas y han podido así fomentar la Revolución, ¡Robespierre se ha convertido en el jefe de los Iluminados franceses!

Los Alumbrados de España

A comienzos del siglo XVII, una orden que se hace llamar los Alumbrados nace en España. No es de esta orden de la que Dan Brown toma el modelo de su novela, y sin embargo es la única a la que pudieron pertenecer Galileo y Bernini, ya que los Illuminati (de Baviera) no existían todavía. Pero contrariamente al movimiento descrito en *Ángeles y Demonios*, los Alumbrados no tenían la ambición de destruir la Iglesia. Esta sociedad secreta estaba impregnada de fervor católico y consideraba que hacía falta utilizar los sentidos para comprender a Dios, experimentar el dolor de su pasión y expiar los pecados. El acercamiento extremadamente sensual que puede encontrarse en santos como Teresa de Ávila, por ejemplo, será controvertido.

Pero si los Alumbrados se granjean la ira de la Inquisición, no es realmente por esta idea de experimentación de Dios por los sentidos (que es una idea más bien común durante la Contrarreforma católica) sino porque, políticamente, el movimiento representaba un peligro para los católicos españoles. Un cierto número de mujeres pertenecían a los Alumbrados y reclamaban el mismo derecho que los hombres de asumir responsabilidades en el seno de la Iglesia. Ahora bien, es incuestionable que en el siglo XVII las estructuras eclesiásticas no están preparadas para este tipo de aperturas.

Pero, evidentemente, la obra de este serio profesor no se detiene ahí: para los Illuminati, la caída de la realeza francesa no es más que la primera etapa, el objetivo último es la dominación mundial.

Después de este primer libro sobre el tema, otros verán la luz, uno firmado por el Abad Barruel, casi de la misma época. Retoma las mismas tesis adaptándolas ligeramente ya que afirma que la Revolución ha sido ordenada por los francmasones (infiltrados, recordémoslo por los Illuminati). Esta teoría no resiste, sin embargo, un examen histórico de los hechos: los diputados francmasones de la época que participan en los Estados Generales se pronuncian algunos a favor de la Revolución, mientras que otros siguen próximos al Antiguo Régimen. No hubo nunca, sobre este tema, una unanimidad de pensamiento entre los masones.

Más tarde, a principios del siglo XX y, finalmente, durante los años 90, otras obras popularizaron otras tesis más o menos parecidas sobre el pretendido complot de los Illuminati: el mundo estaría regido, bajo mano, por esta orden secreta, que decide las guerras, juega con las monedas, fomenta las sublevaciones populares, dirige la prensa, etc. Es, dicho de otra forma, la vieja cantinela del «se nos oculta todo, no se nos dice nada», el *leitmotiv* de «da verdad está ahí fuera». Y a lo largo de los siglos, las teorías evolucionan y se enriquecen ya que, por ejemplo, *El Capital* de Karl Marx (que retoma en efecto algunas ideas de Weishaupt sobre la religión y la propiedad privada) habría sido escrito bajo la dirección de los sucesores de los Illuminati.

Esto no impide de ningún modo a los miembros de la orden secreta, al mismo tiempo, haber inundado, igualmente, las más altas esferas de las finanzas internacionales y ser, por tanto ¡capitalistas! Todos los grandes banqueros del planeta, así como las más altas instituciones mundiales estarían también en manos de los conspiradores. A aquellos que ven una contradicción cuando poco sorprendente en esta paradoja (¡los primeros comunistas son Illuminati, y también los liberales!), los partidarios de las teorías del complot tienen esta respuesta: nada de sorprendente ya que el objetivo de los Illuminati es destruir al Hombre haciéndole enfrentarse en todos los flancos donde sea posible, a fin de aniquilar las sociedades tal y como las conocemos para hacer emerger un nuevo orden mundial.

¿Había relaciones entre los Illuminati y los Hassassin?

Ángeles y Demonios establece un vínculo entre la orden de los Illuminati y la de los Hassassin, ya que un miembro de esta orden islámica mata a los cardenales por orden del jefe de los Illuminati. Esto no significa, sin embargo, que las dos sociedades secretas tuviesen relaciones entre sí en el pasado. Al contrario, la realidad histórica aporta, incluso, un desmentido formal: los Illuminati fueron creados en 1776, es decir más de medio milenio después del fin de las actividades de la orden los Hassassin.

LOS «SIGNOS» DEL COMPLOT

Como las pruebas no existen, (y por otra parte los partidarios de la doctrina de la conspiración dirán que la ausencia de pruebas es la misma prueba de la conspiración), hace falta intentar encontrar «signos» tangibles que hagan suponer la existencia del complot mundial en cuestión.

¿El primer signo? La fecha de creación de la orden: el 1 de mayo de 1776. Estas cifras serían eminentemente simbólicas. En primer lugar porque el 1 de mayo es un día universalmente celebrado por la Internacional Comunista (no olvidemos su obediencia a los Illuminati) y que 1776 es el año de la Declaración de Independencia de los Estados Unidos, país en manos de los Illuminati y de donde está previsto que parta el nuevo orden mundial esperado.

¿La prueba? Los adeptos de la teoría del complot encuentran su Santo Grial en el billete de un dólar americano. En él se puede ver, en efecto, una pirámide con un ojo en su cima. Ahora bien, este ojo en una pirámide es el símbolo que eligieron los Iluminados de Baviera para representar que creían en el poder de las Luces con la idea subyacente de que los afiliados constituían la elite (de ahí el ojo en la cima de la pirámide). Si el símbolo se encuentra en el billete americano, es la prueba, según los teóricos del complot, de que el país fue fundado por los Illuminati. Mejor todavía: la divisa que figura sobre la pirámide, *Novus ordo seclorum*. Esta divisa puede ser traducida de diferentes maneras (la más aproximada: «Nuevo orden secular» o «nuevo orden de los tiempos») pero los pro-conspiración la traducen por «Nuevo orden mundial».

Algunos Iluminados célebres

Si Bernini y Galileo no pertenecieron a la orden de los Illuminati, varios personajes célebres han sido, por el contrario, miembros de la sociedad secreta, de manera más o menos oficial. Así, los Iluminados de Baviera contaban entre sus filas al poeta alemán Goethe, y también (y es menos sorprendente) Cagliostro. Se sospecha igualmente, pero sin poder aportar la prueba formal, del duque de Orleans, Mirabeau el conde de Saint-Germain de haber sido parte o, en todo caso, de haber tenido fuertes simpatías por el movimiento.

Este nuevo orden mundial, ¿no será el que los Illuminati querían imponer? Esta idea es, por otra parte, retomada por Dan Brown en *Ángeles y Demonios*. En realidad, el ojo en la cima de la pirámide es un símbolo frecuentemente utilizado, y no sólo por los Illuminati. Se encuentra igualmente entre los francmasones por ejemplo. También entre los cristianos, donde representa el poder de la Providencia divina, que es precisamente el sentido que hay que dar a su presencia en el billete de un dólar americano. No es sorprendente que un país cuyos presidentes hacen ellos mismos continuas referencias a la Biblia, se sitúe, simbólicamente, bajo la protección divina.

¿ILLUMINATI HOY DÍA?

Todas estas tesis de complot mundial han sido desarrolladas y ampliadas por personas a veces estrambóticas (existe así toda una literatura de perfectos iluminados sobre este tema en Internet) pero también de autores en plena posesión de sus facultades mentales (pensemos por ejemplo en Robison y Barruel). ¿Qué puede explicar, en estas condiciones, la propagación del mito de los Illuminati y, sobre todo, por qué perdura hasta nuestros días?

Hace falta en principio destacar que los primeros autores en popularizar la idea de un complot en el siglo XVIII fueron un americano y un cura. Cada uno de ellos, por motivos diferentes, tenía una buena razón para propagar estas teorías. El americano porque la Revolución Francesa, violenta, popular, espontánea, suscitaba en la otra orilla del atlántico muchas inquietudes: ¿y si un levantamiento similar venía a destruir el embrión de una sociedad en construcción? Para evitar esto, era más simple decir que la Revolución Francesa había sido secretamente orquestada para destruir la sociedad. En cuanto al eclesiástico, tenía también buenas razones para creer en esta teoría. Los Illuminati representaban para él el peligro, el enemigo de la Iglesia: si el clero perdía influencia y era atacado por todas partes por nuevas filosofías y por las ciencias, es porque se perseguía su aniquilación.

¿Bernini y Galileo eran Illuminati?

En *Ángeles y Demonios* Dan Brown pretende que Bernini y Galileo eran ambos Illuminati, y no es para menos, ya que los códigos que permitirán descifrar los secretos de la orden se encontrarán en obras de ambos. Esta pertenencia del artista y del científico a la orden, sin embargo, no se ha probado y es… incluso muy arriesgada. En efecto, hace falta recordar que la orden de los Iluminados de Baviera de la que habla Dan Brown no se fundó hasta 1776, es decir ¡casi dos siglos después de la época de Galileo y de Bernini! Históricamente, por tanto, ¡estos dos personajes no han podido formar parte de una sociedad secreta que ni siquiera existía!

Los Illuminati, ¿pudieron existir antes de la creación oficial de la orden por Weishaupt en Baviera? ¿Por qué no? Por otra parte, casi en la época de Galileo y de Bernini, España veía nacer una orden (los Alumbrados) en los que se inspirarán los Iluminados de Baviera tanto en su nombre como en su funcionamiento. Esta sociedad, puede, en cierta forma, considerarse como un ancestro de la orden de Weishaupt, pero parece como mínimo arriesgado imaginar que Bernini y Galileo pertenezcan a una orden española que nada indica, por otra parte, que se hubiese implantado en Italia.

Es cierto que Galileo era aficionado a los sociedades más o menos secretas y a los círculos de reflexión. Formaba parte, así, de la Academia dei Lincei (La Academia de los Linces).

Por último, para aumentar el misterio en torno a Galileo, Dan Brown evoca en su novela un misterioso libro, *Los Diagramas*, que Galileo habría escrito al final de su vida y en el cual habría escondido los códigos que permitían encontrar el «camino de la iluminación». Para todos los especialistas en Galileo, esta afirmación es totalmente ficticia: el novelista se ha permitido imaginar esta obra que será conservada en los Archivos Secretos del Vaticano, pero no existe ni ha existido jamás. ¿La mejor prueba? Galileo mismo no hizo nunca alusión a la misma en sus escritos.

En cuanto a Bernini, no demostró nunca el menor signo de interés por ninguna sociedad secreta, sobre todo si ésta, como es el caso en *Ángeles y Demonios*, conspira contra la Iglesia Católica. Bernini era, en efecto, un buen católico que iba a misa a la Iglesia del Gesu y daba signos tangibles de apoyo a los principales movimientos de la época. Estaba a favor de los jesuitas, artesanos de la Contra-Reforma católica, y de los Oradores de San Felipe Neri.

Y después, ¿qué decir de las relaciones del artista con los más altos responsables católicos de la época? Bernini tenía con el Papa Urbano VIII una fidelidad y sólida amistad y conocía bien a los cardenales como el francés Mazarin o el romano Escipión Borghese. Es, por tanto, del todo imposible imaginar que un hombre tan implicado en el catolicismo, que un artista que ha realizado tantos temas religiosos haya podido pertenecer a una sociedad secreta que conspira contra todo lo que constituía su vida.

Desde entonces, los Illuminati se han convertido, por extensión, en la encarnación perfecta de todos los complots posibles e imaginables. Se les ve en las instituciones internacionales que quieren imponer un gobierno mundial (algunos afirman que la ONU, por ejemplo, está en sus manos), se les encuentra al mismo tiempo en las grandes multinacionales, los bancos, etc. Para otros incluso, se podría tratar de judíos que querrían dominar el mundo como se expone en el libro de propaganda antisemita *El Protocolo de los sabios de Sión*.

Desde el momento en que hay una teoría del complot, se puede estar seguro de qué los Illuminati no están muy lejos. No están, en realidad, en ninguna parte, salvo en el espíritu de los teóricos de la conspiración que encuentran en las referencias a los Iluminados un medio de dar sentido a un mundo contemporáneo que no comprenden. Cuando los sucesos parecen convertirse en incontrolables y desordenados, el recurso a una teoría, tan excéntrica como sea, permite explicar estos acontecimientos, darles una justificación, y sentirse así, quizás un poco menos perdidos...

Los misteriosos Hassassin

La orden secreta de los Hassassin existió realmente en el año mil. Sus miembros no dudaban de emprender misiones suicidas para matar a sus enemigos. La leyenda cuenta que antes de sus misiones, drogados con hachís, experimentaban el paraíso...

Los Hassassin son míticos en más de un aspecto. En primer lugar, es la secta que ha dado nombre a los homicidas que premeditan sus actos. En segundo lugar, la orden de los Hassassin dio lugar, después de los escritos de Marco Polo, a toda una rama de literatura, ya sean novelas (por ejemplo *Samarkand* de Amin Maalouf y poemas de Baudelaire y de Rimbaud) o ensayos (principalmente *Los Hassassin* de Bernard Lewis).

Y por último, algunos ven en sus métodos y sus comportamientos la prefiguración del terrorismo islámico contemporáneo que, del World Trade Centre a Bali, pasando por Túnez o Irak, ensangrienta y aterroriza el planeta en nombre de un ideal religioso. Los Hassassin son un poco todo esto a la vez, pero al mismo tiempo la realidad histórica es más bien sutil.

Los Hassassin son de hecho los descendientes de una rama del chiísmo, el ismaelismo, fundado en el siglo VIII. En 765, sus adeptos consideran que un imán de nombre Ismael que acaba de morir, es el último de los verdaderos imanes que pueden pretender este título. Se establecen en la orilla del Indo y forman una comunidad con un acercamiento particular a la religión. Esquemáticamente, consideran que el Corán no debe ser tomado al pie de la letra, sino que debe ser interpretado y comprendido de forma alegórica, un poco como los nósticos cristianos con los que tienen puntos en común, compartiendo principalmente un cierto gusto por el esoterismo.

MATAR A CIEGAS

En el siglo XI, un jefe ismaelita, bautizado Hassan y a quien sus fieles llamarán con veneración «el Anciano de la Montaña» o el «Sheik de la Montaña», revoluciona la secta. Mientras que hasta entonces ésta no había tenido un objetivo religioso y misionero, se dota a partir de ahora de una ambición y un programa políticos. Hassan comienza, en primer lugar, por conquistar una fortaleza persa (en el actual Irán), la ciudadela de Alamout (literalmente, el Nido del Águila) en 1090: funda un pequeño estado ismaelita y no tarda en extender su influencia. Además de Irán, los seguidores de Hassan se establecen en Siria y en Líbano, donde conquistan también plazas fuertes.

Hassassin, Illuminati y Templarios

En *Ángeles y Demonios*, Dan Brown hace una conexión entre los Illuminati y los Hassassin ya que es un miembro de la secta de los ismaelitas quien tiene como misión matar a los cardenales y hacer el trabajo sucio. Sería arriesgado establecer un vínculo entre las dos sociedades secretas (lo que fueron los Hassassin en la época medieval pero que ya no lo son). De todas formas, este vínculo no sobrepasa la ficción pura y en ningún caso es una realidad histórica, siendo la mejor prueba el que los Hassassin desaparecen en el siglo XIII y los Illuminati, por su parte, no aparecen hasta el siglo XVIII.

Si los Iluminados de Baviera no tenían ninguna relación con los Hassassin, no pasa lo mismo, por el contrario, con los Templarios. Se sabe, en efecto, que los caballeros de Cristo, establecidos en Oriente, constituían un verdadero nexo cultural con los países del mundo árabe. A lo largo de sus siglos de presencia en Tierra Santa, los Templarios tuvieron relaciones con los Hassassin. Por una parte, en esa época, las dos órdenes tienen puntos comunes que no se deben al azar: misma estructura jerárquica, mismo culto al honor y al valor. Por otra parte, un cierto número de enseñanzas transmitidas aún hoy día en las sociedades secretas sectarias occidentales están sacadas directamente de la filosofía de los Hassassin y han sido «importados» a occidente por los Templarios.

En cualquier lugar donde se encuentren, los ismaelitas son combatidos sin pausa por las autoridades locales que no comparten su visión de la religión, ni por supuesto aprecian su voluntad expansionista. El jefe Hassan quiere, en efecto, probar la supremacía de los persas sobre los árabes y sobre los turcos y se proclama sucesor de Ismael. Fortalecido con esta autoridad, está dispuesto a todo y no duda en asaltar las caravanas que pasan cerca de la fortaleza de Alamout.

Los fieles de Hassan llegan incluso a hacerse matar si su jefe se lo pide, haciendo prueba de un valor (o de una ceguera) excepcional. Por una parte, cuando el sobrino de Ricardo Corazón de León va a la ciudadela para negociar un tratado, los Hassassin hacen una demostración de su fuerza: decenas de fieles se lanzan desde lo alto de los muros por una simple orden de su jefe. Una dedicación tal hasta la muerte, impresiona fuertemente al enviado del Rey. Salen igualmente en misión para asesinar a poderosos señores o dignatarios musulmanes, simplemente armados con una daga, la única arma que utilizan y con la que degüellan a sus víctimas. En *Ángeles y Demonios*, el descendiente de los Hassassin mata a los cardenales de varias maneras (con fuego, por ahogamiento, etc.) lo que un miembro original de la secta no hubiera hecho, contentándose con un arma blanca.

Hachís y paraíso

Es en esta época, el siglo XI, cuando la leyenda de los ismaelitas se extiende. Sólo se la conoce por su nuevo nombre: los Hassassin. Para explicar la etimología de esta palabra, los expertos avanzan una explicación ampliamente popularizada por Marco Polo en sus escritos de viaje. El explorador italiano explica que antes de enviar a los fieles en misión suicida, Hassan los drogaba haciéndoles beber un líquido a base de hachís. Drogados, van a pasar tres días en un lugar maravilloso, un palacio con jardines extraordinarios, donde soberbias mujeres vírgenes responden al menor de sus deseos... En un segundo momento, transpuestos de felicidad, se les devolvía a la realidad después de su idílica estancia y se les confirmaba que habían estado en un avance del paraíso. Deseando recuperar este Edén, los hombres estaban dispuestos a matar y a morir tan pronto como terminaran su misión. Ya que consumían hachís antes de morir, se les llamaba «hachichin» y, por deformación, la palabra se convertiría en asesino.

Sin embargo, esta explicación no es sino una leyenda y numerosos historiadores se inclinan por otra hipótesis. La palabra asesino provendría del árabe «assas» que significa «guardián» (en este caso guardián de la fe). Si bien esta explicación es menos seductora, es más probable ya que en el Medio Oriente medieval, el uso de drogas estaba reservado a las personas de clase baja. Ahora bien, los guerreros encargados de asesinar a los rivales políticos eran considerados como verdaderos héroes de gran valor, lo que hace improbable su consumo de hachís.

En sus misiones, se cuenta que los Hassassin matan con la ayuda de una daga. Pero intentan también hacerlo marcando el espíritu de la gente y eligen frecuentemente cometer su crimen en un lugar público muy frecuentado, por ejemplo, una mezquita durante la gran oración del viernes, con el objetivo de impresionar a la masa de fieles. Esta devoción sin falla, hasta la muerte, así como la voluntad de golpear los espíritus, recuerdan al terrorismo

islamista contemporáneo, con una diferencia precisa: los Hassassin medievales sólo atacaban a personajes de alto rango, dignatarios y nunca al pueblo. Es así que entre sus víctimas figuran, por ejemplo, el conde Raymond de Trípoli (un cruzado), el rey de Jerusalén, Conrado de Montferrat y varios responsables religiosos del Islam sunita.

UNA SECTA CONVERTIDA EN PACIFISTA

En el siglo XIII, después de haber hecho reinar el terror, el poder político de los Hassassin se desvanece cuando los mogoles invaden Persia y toman la fortaleza de Alamout. Los otros bastiones caen igualmente y terminan con la leyenda guerrera y sanguinaria de los ismaelitas descendientes de Hassan. Sin embargo, la secta ismaelita no se extingue, aún cuando sus «grandes momentos» históricos pertenecen ya al pasado. Bien al contrario, continúa su expansión pero de manera pacífica.

Hoy día, hay más de 15 millones de ismaelitas en el mundo, repartidos principalmente en India, Pakistán, Siria y Yemen. Su jefe es el Aga Khan, que dirige la comunidad desde la India y Ginebra y da una visión moderna, abierta y tolerante de su religión. Los ismaelitas se han convertido en fieles tranquilos que viven en las antípodas de sus lejanos ancestros, los temibles y temidos Hassassin.

El Aga Khan

El Príncipe Karim Aga Khan es el 49º imán de la comunidad de los ismaelitas. Personaje destacado de la jet set internacional, el príncipe no tiene nada que ver con sus ancestros Hassassin que tenían un fuerte placer por la sangre, la violencia y la conquista. Su inclinación le lleva más a los yates, las residencias lujosas, los palacios y las relaciones diplomático-mundanas.

Se habla mucho de él en las páginas rosas de la prensa ya que después de haberse divorciado de una top-model internacional, acaba de casarse de nuevo con una famosa abogada alemana. Es, por otra parte, una de las mayores fortunas internacionales, con un patrimonio estimado de más de unos millardos de euros. Generoso con su tiempo y con su dinero, el príncipe realiza enormes gastos: ha creado el *Aga Khan Develpment Network*, una institución de ayuda al tercer mundo en ámbitos tan variados como la salud, la educación, la creación de empresas, el apoyo a ONG, etc.

LOS SECRETOS DE LOS AMBIGRAMAS

Los ambigramas son caligrafías realizadas según el principio del yin y el yan. Detrás de su aparente simplicidad, se esconde una filosofía de la complementariedad de los contrarios, del bien y del mal.

En *El Código da Vinci*, Robert Langdon debía descifrar unos anagramas, es decir, letras que colocadas de forma diferente, pueden componer una o varias palabras. Es, por ejemplo, el caso de la palabra «amor» que puede dar lugar también a las palabras «roma» o «mora». En *Ángeles y Demonios* destaca otra forma de juego de letras: los «ambigramas».

Este neologismo se refiere a las palabras que pueden leerse, gracias a un efecto gráfico, en un sentido o en otro sin que cambie su significado. Es preciso no confundir los ambigramas con los palíndromos. En este caso, los ambigramas, la lectura de puede hacer en los dos sentidos gracias a un trabajo de caligrafía, de «diseño», de deformación de las letras. En el otro, los palíndromos, la palabra puede leerse de izquierda a derecha o de derecha a izquierda indistintamente, por ejemplo «radar» o «reconocer» son un palíndromo. Los ambigramas son por tanto producto de un trabajo artístico sobre la forma de las letras que componen la palabra.

¿QUIÉN LOS INVENTÓ?

Fueron inventados en los años 70 por dos artistas americanos: Scout Kim y sobre todo John Langdon. Éste último es el artista que ha creado los ambigramas que aparecen en la novela *Ángeles y Demonios*. No se puede dejar de destacar la similitud entre el nombre del artista y el del héroe de Dan Brown, hasta tal punto que podemos suponer que Robert Langdon ha sido llamado así en homenaje al «verdadero» Langdon...

John Langdon, el artista de los ambigramas

John Langdon ha realizado todo lo que materialmente se puede llegar a hacer con las palabras. John es un diseñador de logotipos y un especialista en la creación de tipografías originales, un artista de la caligrafía y un escritor. Actualmente, enseña dentro del programa de Diseño gráfico del *College of Media, Arts and Design* de la Universidad de Drexel en Philadelphia.

La pasión de John por el lenguaje, la ilusión y la ambigüedad alcanzan su mejor realización en su acercamiento único y personal al diseño de palabras. Conocidos como *ambigramas*, estas creaciones originales se pueden leer en más de un sentido y son la base del libro que publicó en 1992, *Wordplay* (Harcourt Brace Jovanovich).

En los últimos años, John ha llevado sus palabras al lienzo y ha realizado exposiciones individuales en Drexel, en la Universidad de Maryland y en el *Noyes Museum of Art* en New Jersey y sus creaciones han formado parte de otras numerosas exposiciones colectivas. Para el otoño de 2005, está programada una muestra de su trabajo en *New Britain Museum of American Art* en Connecticut

En su página web, www.johnlangdon.net, se pueden encontrar ejemplos de muchas de las facetas del trabajo de John.

Los ambigramas de John Langdon
para *Ángeles y demonios*

Éste recuerda su encuentro con Dan Brown, en el momento en que el autor iniciaba la redacción de *Ángeles y Demonios*: «Uno de mis proyectos de creación de ambigramas más interesantes comenzó cuando Dan Brown quiso hacer de los ambigramas un elemento esencial de la intriga de la novela que acababa de comenzar. Sabía que se llamaría *Ángeles y Demonios*, pero en un primer momento, Dan no quería decirme más. Entonces comencé a diseñar el ambigrama para el título *Ángeles y Demonios*, uno de los más complejos que he tenido que realizar. Después, sólo me dijo lo justo para encargarme las palabras Tierra, Aire, Fuego y Agua (los cuatro elementos esenciales del mundo antiguo) y cuando me pidió si podía hacer también la palabra Illuminati, me dije que esta obra tenía posibilidades de ser muy interesante. Cuando leí las pruebas enviadas por el editor, ¡no me decepcionaron! *Ángeles y Demonios* cuenta una historia extraordinaria y el libro no es fácil de dejar. Y luego, por supuesto, es la primera novela de la historia literaria con ambigramas».

Por su parte, Dan Brown no oculta su admiración por el artista cuyo trabajo sigue desde hace mucho tiempo. *Wordplay: Ambigrams And Reflections On The Art Of Ambigrams*, la obra publicada en los años 90 por John Langdon es uno de los diez libros de cabecera de Dan Brown. «John Langdon es un artista y un filósofo, uno de nuestros genios verdaderos actuales. Su libro ha cambiado mi manera de ver la simetría, los símbolos y el arte.

¿QUÉ NOS ENSEÑAN LOS AMBIGRAMAS?

La presencia de estas palabras en el libro no está solamente ligada a un criterio estético, sino que existe una razón profunda. En efecto, el sentido del trabajo sobre los ambigramas es jugar con la simetría, el equilibrio de las cosas. Como explica el artista John Langdon, los ambigramas nacen de una investigación de la filosofía taoísta que enuncia el gran principio del universo, el yin y el yan: «Son dos mitades que no están en oposición, pero que existen en una relación complementaria; los taoístas no creen, por ejemplo, que el «bien» ganará al «mal». Todas las cosas tienen aspectos positivos y negativos, las cosas negativas no pueden aislarse. Por encima de todo, el «bien» y el «mal» coexistirán siempre en una relación de flujo y reflujo».

Ahora bien, es precisamente esta simetría la que está en el corazón de *Ángeles y Demonios*. Por ejemplo, la antimateria existe tal y como existe también la materia, las dos tienen una relación dinámica que puede crear el «bien», es decir la energía, o el «mal», es decir una bomba. La filosofía taoísta y los ambigramas juegan, por tanto, con la interacción de los opuestos, la coexistencia de dos aspectos de la misma realidad: la materia y la antimateria, el día y la noche, etc. Paralelamente, es interesante destacar que una sola y única persona puede «hacer el mal» creyendo actuar por el «bien». Es el caso del camarlengo Ventresca, que asesina al Papa y lidera una gigantesca maquinación, persuadido de hacer el bien a la humanidad. El principio del yin y del yan se encuentra igualmente en el título de la obra de Dan Brown, *Ángeles y Demonios*.

Para John Langdon, el trabajo sobre los ambigramas es también una investigación casi científica sobre las correspondencias de las proporciones perfectas. Trabajo que realiza siguiendo a muchos otros artistas-científicos como Leonardo da Vinci que quería componer sus cuadros y dibujos según la relación del «número de oro», el número perfecto que implica las proporciones ideales. El ambigrama sería, por tanto, la traducción visual de una perfección existente en la naturaleza.

Hágalo usted mismo

La palabra «ambigrama» es un neologismo, «ambi» significa ambigüedad y multiciplicidad, y «grama» gráfico o escrito. Hay varias clases. En *Ángeles y Demonios* son ambigramas por rotación, es decir que hace falta dar la vuelta al libro para leer la palabra al revés. La inversión es total a 180 grados. Pero existen también ambigramas verticales (que se leen indiferentemente de arriba abajo o de abajo a arriba), ambigramas por reflejo (que hacen necesario un espejo) y ambigramas de 90 grados (que se leen horizontalmente y que es necesario girar un cuarto de página para una lectura vertical).

Se pueden ver muy buenos ejemplos en los sitios web de John Langdon (www.johnlandong.net), de Scout Kim (www.scottkim.com) o en www.almaleh.com/ambi.htm. Para realizarlos uno mismo, existe un generador automático, muy interesante por cierto, en la siguiente dirección: http://perso.wanadoo.fr/jean-paul.davalan/liens/liens_ambi.html.

Complots en el Vaticano: Reforma y Contrarreforma

Ante la ofensiva de Lutero y la influencia creciente del protestantismo, la Iglesia católica debe reaccionar para conservar su peso político. Lo hace durante el Concilio de Trento, en el siglo XVII. La Contrarreforma, máquina de guerra al servicio del catolicismo, se pone en marcha. Galileo y otros, considerados herejes, serán sus víctimas.

Un siglo antes de Galileo y de Bernini, la Iglesia Católica deber hacer frente a una de las mayores crisis de su historia. El 31 de octubre de 1517, el monje alemán Martín Lutero coloca, en la puerta de la Iglesia de Wittenberg, sus 95 tesis que van contra las enseñanzas católicas tal y como habían sido impartidas desde hacía varios decenios. Con este acto de protesta, se muestra en contra principalmente de las indulgencias que la Iglesia vende a sus fieles para hacer frente a sus necesidades (y principalmente a la reconstrucción de San Pedro). Lutero considera que las indulgencias nacen de una hipocresía ya que se trata, ni más ni menos, de hacer pagar a los fieles por sus pecados, en monedas constantes y sonantes. Todo esto, para el monje alemán riguroso y producto, él mismo, del Renacimiento, no es legal por parte de la autoridad religiosa.

AETHERNA IPSE SVAE MENTIS SIMVLACHRA LVTHERVS
EXPRIMIT AT VVLTVS CERA LVCAE OCCIDVOS
·M·D·X·X·

Lo que no parece, al principio, más que una protesta aislada no tarda, sin embargo, en extenderse y las ideas de Lutero ganan terreno (principalmente en Alemania durante sus primeros tiempos). Además de las indulgencias, el monje desarrolla un cierto número de tesis que rompen con el catolicismo sobre aspectos bastante menos anecdóticos que la venta de indulgencias. Considera, así, que la salvación se obtiene por la fe en Dios y sólo por ella, mientras que la Iglesia romana pretende que esta salvación se adquiere por la fe y por las acciones de cada uno. Dicho de otra forma, para los católicos, corresponde a cada pecador redimirse gracias a las buenas acciones. Como dice el historiador Pierre Chaunu: «Nunca el hombre cristiano se ha sabido tan fuerte y unánimemente pecador, mortal e indigno de gracia y de perdón que durante el siglo XV y principios de XVI». El papado, en efecto, intenta mantener un clima de terror con el objetivo de asegurar su poder ante los fieles.

LA REFORMA SE PROPAGA

El Papa exige a Lutero retractarse. Pero éste no lo hace e, incluso, aprovecha para desarrollar otras ideas. Considera, por ejemplo, que sólo hay que referirse a las Escrituras y no a las interpretaciones que la Iglesia hace de ellas, cuestionando así la interpretación católica. Lógicamente, piensa que el Papa no tiene ninguna autoridad y ninguna legitimidad para ejercer su poder, no más que los propios curas, por otra parte. Esta es una de las revoluciones de Lutero: para él, el sacerdocio es universal, compartido por todos y no puede estar reservado únicamente a los clérigos.

Estas posiciones doctrinales nuevas y radicales, que se conocen con el nombre de «Reforma» se desarrollan y, después de Lutero, otros la propagan por toda Europa: el francés Calvino en Suiza, Martín Bucer en

Estrasburgo, o Zwingli en Zurich. Además de las regiones renanas en parte ganadas por la Reforma, Inglaterra cambia al anglicanismo y Escocia al prebisterianismo. Respecto a Francia, se encuentra igualmente dividida y se cuentan muchos protestantes entre las familias nobles. Enrique de Navarra mismo (futuro Enrique IV) era protestante. Fue obligado a abjurar y a volver al catolicismo para terminar con las guerras de religión que asolaban Francia a sangre y fuego desde hacía decenios, y cuyo punto culminante fue la masacre de San Bartolomé cuando varias decenas de miles de protestantes fueron masacrados por el pueblo en París y en otras grandes ciudades. Enrique IV firma en 1598 el Edicto de Nantes, que pone fin a las guerras civiles reconociendo las dos religiones, el catolicismo y el protestantismo y dando un marco legal al culto reformado (aunque la religión católica cuenta con ventaja en el Edicto).

A comienzos del siglo XVI, Roma debe rendirse a la evidencia: la unidad cristiana occidental se ha hecho añicos y está rota definitivamente. En este contexto de cuestionamiento, la Iglesia decide (casi un siglo después de la protesta de Lutero) hacer frente a la Reforma, mediante lo que algunos historiadores han llamado «Contrarreforma». Ésta designa el conjunto de medidas adoptadas por la Iglesia católica para combatir el movimiento contestatario reformando, por su parte, sus instituciones y su funcionamiento. En efecto, Roma comprende que si quiere parar la expansión del protestantismo, debe imperativamente modernizarse. El acto fundador de la contrarreforma es el Concilio de Trento que se desarrolla entre 1545-1563, con reuniones mantenidas en intermitencia (de 1545 a 1549, después de 1551 a 1552 y por último de 1562 a 1563). El Concilio no tiene como objetivo extinguir la «herejía» protestante sino contradecirla; el espíritu reformador que reina en todo el Concilio es vigoroso.

EL CONCILIO DE TRENTO

En un primer momento, el concilio adopta la postura radicalmente contraria a la Reforma protestante sobre las cuestiones dogmáticas. Así, la eucaristía, la comunión, el bautismo y los otros sacramentos son considerados de nuevo como pilares. El Papa obtiene el poder directamente de Pedro; su autoridad, por tanto, no sólo es legítima sino infalible. La Biblia autorizada por la Iglesia es la Vulgata, es decir la traducción hecha por San Jerónimo de la versión griega (y de la que difiere, por otra parte, sensiblemente); se decide que los otros libros se incluyan en el Índice. Es en este Concilio cuando se crea la institución encargada de hacer una lista, desde 1559, de obras prohibidas por el Papa. Algunos años antes, en 1542, en el batallón de contramedidas represivas, se había reformado el Tribunal de la Inquisición.

Todas las fuerzas vivas del catolicismo están en orden de batalla y con este espíritu se reforma profundamente el clero. Los seculares, es decir el clero, deben ser objeto de una «moralización» y de una mejor formación. Se termina con los curas alcoholizados, con la vida en concubinato, o los padres de hijos ilegítimos (lo que era moneda corriente en la época): la Iglesia crea, en cada diócesis, seminarios encargados de formar a los curas en una vida acorde con los Evangelios. Se les atribuye, así mismo, una misión de predicación con la fuerte voluntad de llevar el mensaje de la Iglesia romana a los parroquianos con el fin de encuadrar y normalizar mejor sus creencias y evitar toda forma de «desviación». De la misma forma, el clero regular, es decir, los monjes y las monjas, quedan bajo un control estricto: se les pide observar las reglas de la vida monástica con el máximo rigor (lo que antes estaba lejos de ser el caso). Algunos decenios más tarde, aparecen como la vanguardia de la reforma católica dando, verdaderamente, un ejemplo a los laicos. Así, los franciscanos o los capuchinos viven en la pobreza y propagan la Palabra de Dios utilizando términos simples para dirigirse a la gente sencilla. La Compañía de Jesús (los jesuitas) fundada en 1540 por San Ignacio de Loyola es la orden emblemática de este gran movimiento católico ya que los jesuitas tienen una vocación misionera, principalmente en el extranjero. Van a conquistar tierras nuevas para el catolicismo con mayor o menor fortuna (su misión es un éxito en América latina, y un fracaso en numerosos países de Asia). Entre las mujeres, también, la vida religiosa y espiritual experimenta una renovación importante, por ejemplo con Santa Teresa de Ávila y su mística apasionada.

UNA MÁQUINA DE GUERRA

Esta Contrarreforma es, por tanto, una formidable máquina de guerra para la reconquista de las tierras ganadas por el protestantismo en Europa y para extender las fronteras del mundo católico a los nuevos mundos que se acaban de descubrir. No es por tanto, contrariamente a lo que a menudo se cree, un simple movimiento de reacción frente a Lutero, sino también una verdadera recuperación del vigor del papado y de sus instituciones. El ejemplo y el impuso de energía viene desde arriba, es decir de los mismos soberanos pontífices. Roma ocupa un lugar esencial en la reforma católica. La ciudad se convierte en el símbolo de la monarquía pontifical: como el clero, debe «moralizarse» y a la ciudad de los placeres fáciles le sucede la ciudad de las iglesias.

Los papas de la época hacen de la ciudad un vasto lugar en construcción donde las iglesias surgen como champiñones, siendo el objetivo impresionar al fiel que acude como peregrino. Lutero había reprochado a la Iglesia católica su fasto y su lujo, y los papas de la Contrarreforma añaden un poco más y liberan las formas arquitectónicas. El arte barroco florece. Lleno de volutas, de circunvoluciones y voladizos, es verdaderamente el arte de la Contrarreforma, una respuesta a la austeridad protestante, una

afirmación de la grandeza católica que debe convencer al fiel por la expresión de la belleza y de una cierta sensualidad.

Seguramente, es el pontificado de Maffeo Barberini (Urbano VIII) la quintaesencia de la Contrarreforma y en particular, de su arte. Es él quien, por ejemplo, encarga a Bernini su obras más importantes. Con el ejemplo de Julio II que en el Renacimiento se rodeó de Miguel Ángel y de Rafael, Urbano VIII hace llamar a los más grandes artistas de su tiempo. Quiere desarrollar las artes populares, es decir, las que son inmediatamente accesibles y comprensibles para todos, Roma se transforma en un gigantesco libro de imágenes al servicio de la fe.

La preservación de la fe se impone ante todo y son muchos los que, en el siglo siguiente al Concilio de Trento, pagan las consecuencias. Evidentemente nos referimos a Galileo, a quien la Iglesia condena al silencio, o a Giordano Bruno que termina su vida en la hoguera. Pero están también muchas personas anónimas quemadas, torturadas o asesinadas porque sus opiniones o sus creencias diferían de las de la Iglesia romana. Y es en esto donde reside el aspecto más oscuro de la Contrarreforma: si bien este movimiento supuso una nueva dinámica para el catolicismo, también constituyó uno de los periodos más oscuros e intolerantes de la historia occidental. Con la Contrarreforma, la Iglesia desarrolla una religión del miedo y hace vivir a sus fieles en la angustia del infierno y en la ansiedad del pecado. El papado intenta todavía contener el espíritu científico y el racionalismo, la aspiración a más libertad y tolerancia, que están germinando en el siglo XVII y que se acentúa en el XVIII. Los científicos del siglo XVII intentan explicar el mundo haciendo un llamamiento a la razón, sin por ello cuestionar la religión: para ellos ciencia y religión no se oponen, son simplemente dos visiones diferentes, dos ángulos de aproximarse al mundo. Los científicos de las Luces impondrán poco a poco la idea de la verdad científica y de que las explicaciones dadas por la física o las matemáticas sustituyen a las que emanan de la religión: no puede haber dos verdades, una científica y otra religiosa.

Parte III

Los secretos de Galileo y Bernini

Comprender a Galileo, héroe de la ciencia moderna

Presentado como un Illuminati, un conspirador contra la Iglesia en Ángeles y Demonios, ¿quién era verdaderamente Galileo? Un científico que revolucionó nuestra percepción del mundo y cuestionó la Biblia en una época en que la Iglesia católica buscaba, por el contrario, asentar su dogma. Juzgado por la Inquisición, será obligado a abjurar de sus teorías y terminará su vida confinado en su domicilio.

¡Y pensar que Galileo Galilei nunca estudió matemáticas! Nacido en Pisa en 1564 en una familia de músicos y comerciantes, estaba destinado, desde muy joven, a la medicina, profesión rentable y prestigiosa. Pero su tío, en cuya casa pasaba las vacaciones, le enseña algunos rudimentarios juegos con los números. El joven, entonces de 19 años, queda fascinado. La medicina le parece muy insulsa en comparación con las infinitas combinaciones que ofrecen los sistemas matemáticos cuya existencia ha comenzado apenas a entrever. Galileo no olvidará nunca, sin embargo, una de las normas primordiales de la medicina: observar para comprender y sanar. La observación rigurosa de su entorno le guiará a lo largo de toda su excepcional carrera científica, nunca descuidará el aspecto empírico de las investigaciones para apuntalar sus teorías.

Esto puede parecer banal a la luz de nuestra concepción de la ciencia pero, en este siglo en el que se niega todavía a menudo el principio de la disección de cadáveres, se afirma que las «verdades de la naturaleza» ya se conocen y que su concepción no tiene contestación alguna. ¿Ya se conocen? Sí, los grandes ancestros, como los venerados Aristóteles y Tolomeo, habían desentrañado los misterios y dado explicaciones para todo. Y todo aquello que no se comprende entra en la categoría de «Dios lo ha querido así...», que no decía nada, pero que explicaba todo. Por otra parte, si quedaban misterios, ¿no era precisamente porque era lo que el Todo Poderoso deseaba? Querer describirlo revelaba, por tanto, una desobediencia totalmente demoníaca.

El ya próximo siglo XVII iba, sin embargo, a trastocar el oscurantismo científico: las reglas a las que se aferraban los «científicos» iban a ser contestadas por un viento intelectual que soplaba en contra y contra todos. Las ideas del Renacimiento sobre la «magia de los números» y de la «mística» iban a perder progresivamente su fuerza en beneficio de un racionalismo que la Iglesia sólo podía considerar como una agresión.

El joven Galileo aprende, lee mucho sobre los grandes autores griegos y latinos, Platón, Horacio, Séneca e ingresa en la Universidad de Pisa como profesor de matemáticas con un salario de 60 escudos, es decir ¡30 veces menos que un profesor de medicina! Pero no se arrepiente y realiza profundas investigaciones personales que le apasionan. Es, por ejemplo, en este momento cuando inventa la balanza hidrostática para determinar el peso de los cuerpos.

La muerte prematura de su padre, cuando él tiene 27 años, le carga con la responsabilidad de atender a las necesidades de su madre, sus hermanos y sus hermanas. Consigue una cátedra de matemáticas en las Universidad de Padua, puesto con perspectivas de promoción más interesantes y, por tanto, más rentables. Padua es, en efecto, una ciudad brillante, muy rica culturalmente donde se ejerce la filosofía con más libertad que en otras partes. El joven profesor se siente bien aquí, tanto como en la cercana ciudad de Venecia, donde frecuenta a familias influyentes.

Siempre preocupado por sus problemas de dinero, paralelamente a su empleo de profesor, abre un taller de fabricación de instrumentos de medición. Emplea a un hábil artesano, Marcantonio Mazzoleni, y concibe los planos de objetos vendidos a los sabios de la región: compás geométrico, brújulas, planos inclinados para el estudio de la aceleración de los cuerpos... Pone en marcha también cursos para la enseñanza privada, destinados a los hijos de familias burguesas, siempre por las mismas razones financieras.

Inventor, comerciante, profesor de varias familias... Galileo está muy abierto a la realidad del mundo, lejos de la imagen del científico encerrado en su taller enfrentado a sus pergaminos. Frecuenta a personajes influyentes, confronta sus ideas con las de otros sabios, y sueña con la gloria y el reconocimiento.

En sus cursos, enseña rudimentos de astronomía, es decir, de la concepción toloméica del movimiento de los planetas: la tierra, inmóvil, está en el centro de todo y a su alrededor, los planetas describen movimientos circulares.

Pero, aunque lo enseña, Galileo duda muy pronto de esta teoría. Numerosas observaciones (a menudo realizadas por otros astrónomos) demuestran, en efecto, que este modelo oficial es inadecuado. Significa, por tanto, que la teoría no es correcta. Galileo es todavía un joven profesor cuando estudia las extrapolaciones matemáticas de Copérnico, y las encuentra particularmente interesantes. Pero, no es aún el momento de expresarse abiertamente sobre este asunto, ni en sus cursos ni en sus publicaciones. Esta reserva y esta prudencia no van a durar mucho tiempo. Galileo es un «espíritu fuerte», curioso, cultivado y aficionado a las discusiones polémicas.

Finalmente, en 1604, toma posición abiertamente. Hace falta señalar que un suceso mayor conmociona entonces a los astrónomos. Ese año, una nueva estrella aparece bruscamente en el cielo. Durante 18 meses es visible, antes de comenzar a decrecer progresivamente. Para Galileo es la prueba evidente de lo absurdo del sistema de Tolomeo. Según el filósofo griego, las estrellas se sitúan en los confines del universo, fijas para siempre por la voluntad divina en una esfera inmóvil. Si el sistema celeste es tan perfecto e inmutable, como afirma por su parte la Biblia, ¿cómo puede haber una estrella que aparece, cuya luz varía fuertemente antes de desaparecer totalmente? Es un misterio que los astrónomos se apresuran a clasificar en el gran grupo de «anomalías», de asuntos incomprensibles para el espíritu humano. Los más pragmáticos hablan de un «fenómeno atmosférico» parasitario...

Esto apenas satisface a Galileo, que ve en ello más bien un elemento a favor de las ideas de Copérnico: éstas le seducen cada vez más. En esta época, se apasiona por los fenómenos magnéticos y construye numerosos instrumentos para medir la fuerza de atracción de los imanes e inventa, también, uno de los predecesores del termómetro, establece la teoría de la caída de los cuerpos, antes de lanzarse a la fabricación de lentes astronómicas que le darán gloria. Y causarán su pérdida.

Hasta 1609, las estrellas y los planetas no eran más que manchas luminosas que el ojo veía cuando el tiempo era claro. No había ningún instrumento que permitiese describirlos con más precisión. Sin embargo, hoy sabemos que las lentes de aumento existían desde hacía un veintena de años, pero que eran fabricadas por artesanos incapaces de explicar su funcionamiento o de mejorarlas para hacerlas realmente interesantes. Sus pedazos de cristal, mejor o peor pulidos, no eran capaces de aumentar más que dos o tres veces. La invención circulaba entre los príncipes y los poderosos, pero sin suscitar entusiasmo, ni siquiera en el plano militar. La imperfección de los instrumentos parecía un obstáculo infranqueable...

Cuando, durante el verano de 1609, Galileo oye hablar del principio de estas lentes, se intriga y, sin haber visto jamás un solo modelo, se lanza a una serie de ensayos con lentes de diversos tamaños. Rápidamente, intuye las aplicaciones posibles de este invento que presenta entonces como propio, lo que no era del todo cierto... La originalidad de Galileo reside en haber mejorado la calidad de las lentes y los reglajes y, sobre todo, haber tenido la suficiente intuición para poner las lentes al servicio de la observación del cielo.

Incluso sin tener idea alguna sobre leyes precisas de refracción óptica, esto no le impide perfeccionar el instrumento obteniendo un aumento de seis a siete veces la talla de los objetos, un progreso que otorga al invento una nueva amplitud, principalmente en astronomía. Galileo gira su lente hacia el cielo, buscando la comprobación de sus intuiciones sobre la veracidad del sistema copernicano. Y lo que constata no hace sino reforzar su oposición a la vieja tradición griega. Realiza miles de observaciones, dibuja mapas celestes, confirma todas las posiciones de cada planeta...

Galileo realizando una demostración del funcionamiento de su telescopio

En el invierno de 1609, está en condiciones de cambiar todo el conocimiento sobre los astros: constata que la luna parece una hermana de la tierra, con valles y montañas y que Júpiter tiene cuatro lunas que giran a su alrededor. ¡Una revolución! El sabio se apresura a anunciar su descubrimiento en un libro publicado en Venecia *El mensajero de las estrellas*, un opúsculo que envía a los príncipes de Europa adjuntando una pequeña lente astronómica. También es muy hábil su decisión de bautizar «Planetas Médicis» a las nuevas lunas... El Gran Duque, Cosme II Médicis, lo agradece. Para Galileo, es un medio de atraer la predisposición de los poderosos en esta aventura en la que presiente peligros.

ANAGRAMAS CELESTES

Los descubrimientos de nuevos planetas se anunciaban por anagramas, procedimiento del que Galileo era entusiasta.

A propósito de Saturno:

«*Salve umbistineum geminatum Martia proles*», es decir «Salve, descendiente de Marte con ombligo doble». El anagrama descifrado resulta: «*Altissimum planetam tergeminum observavi*», o lo que es lo mismo, «He observado un lejano planeta formado en tres partes».

Para Venus:

«*Haec immatura ame iam frustra leguntu o y*» que significa «en vano he recogido estos frutos verdes o y». Del anagrama resulta: «*Cynthiae figuras aemulatur mater amorum*», es decir, «La madre del amor (Venus) imita las fases de la luna».

Poco después, observa Saturno, compuesto, según lo que cree en ese momento, de tres pequeños planetas, y después describe las fases de Venus que se parecen a las de la Luna... En algunos meses, gracias a Galileo, la astronomía da un paso de gigante. Por primera vez, una teoría nueva se confronta a los hechos y a observaciones precisas. No se puede simplemente rechazar la nueva concepción del universo calificándola de absurda o falsa: el telescopio permite a cualquiera verificar por sí mismo las bases de la teoría.

El nombre del matemático se conoce rápidamente en toda Europa y se convierte en un personaje de primer orden. El Gran Duque, sensible al homenaje de Galileo con el nombre de las nuevas lunas, le contrata en Venecia con un salario sensiblemente mayor. El matemático, siempre agobiado por problemas financieros, hace las maletas inmediatamente.

Galileo está persuadido de que defender el sistema copernicano y popularizarlo entre todos los sabios de la época debe ser una prioridad a la que se dedica a partir de ahora abiertamente. Aceptar las ideas de Copérnico es aceptar la nueva manera de considerar la ciencia y su papel, y de romper con el oscurantismo «mágico» de la Edad Media, basada en los escritos de los filósofos griegos. Lo que está en juego es la existencia misma de la ciencia moderna. El hombre debe aceptar la evolución y poner en marcha su genio para progresar en el conocimiento de nuestro mundo gracias a las ciencias.

El matemático quiere asociar a la Iglesia a esta verdadera revolución de las ciencias, a la renovación de la forma de pensar y de desentrañar los secretos de la naturaleza. Todas sus actuaciones, sean ante los príncipes o el clero, tienen como objetivo que se acepte una cierta evolución de las ciencias, de acuerdo con la voluntad de la Iglesia. Se encuentra con obispos, cardenales y con el Papa y expone sus teorías que no considera en absoluto heréticas sino, al contrario, un medio de conocer mejor la obra de Dios y de glorificarle.

Galileo posee una fe absoluta en estos instrumentos que, está convencido, reflejan la realidad. No se puede negar, por tanto, lo que muestran los instrumentos, incluso si esto no se corresponde en absoluto con la palabra bíblica. Para el matemático, hace falta conciliar ciencia y religión, aceptar una y otra y evitar a toda costa una ruptura que sería perjudicial a las dos instituciones.

Esta cruzada es valerosa, pero particularmente arriesgada cuando diez años antes Giordano Bruno había sido quemado en la plaza pública por hereje. Pero el matemático se cree protegido por su notoriedad y por el poder del Gran Duque Cosme. Esto era subestimar la fuerza de la ortodoxia.

Desde el punto de vista de la Iglesia, es muy difícil aceptar el hecho de que el hombre es tan imperfecto que no puede ver cosas que, sin embargo, existen. El ojo humano es el instrumento otor-  gado por Dios y ¿haría falta una lente para descubrir cosas tan importantes como los astros (los planetas Médicis)? ¿No es un insulto a Dios buscar desentrañar estos misterios?

Durante años, algunos teólogos han negado la eficacia del nuevo instrumento, afirmando que lo que se percibe gracias a él no son más que imperfecciones, ilusiones, ligadas a su modo de funcionamiento que no se comprende totalmente. De todas formas, cuestionar el Texto, su pureza y su verdad, era imposible de concebir. Si la Santa Biblia afirma que la Tierra está inmóvil en el centro del Universo ¿quién se atreve a afirmar lo contrario? Las ciencias no deben existir para filosofar, emitir hipótesis, teorías y sobre todo tener la osadía de decir la verdad. Sólo la religión puede revelar a los hombres lo que ES y lo que NO ES. La ciencia, arrinconada en el ámbito teórico, no es más que un humilde servidor de la Iglesia y de los Textos. No se puede dudar si la Iglesia afirma que la Tierra es un lugar de corrupción donde el diablo tiene su reino (bajo sus pies) y que los cielos son de cristal, perfectamente puros, incorruptibles ya que son la morada de Dios.

Afirmar lo contrario defendiendo una nueva cosmogonía sería herético.

¿CONCILIAR CIENCIA Y RELIGIÓN?

Galileo es un magnifico ejemplo de los sabios cuya apertura de espíritu anuncia el Siglo de las Luces. No es herético, sino todo lo contrario. Está persuadido de la importancia de la Iglesia católica y de la necesidad de mantener un dogma perfecto. Sin embargo, sus observaciones y sus teorías están en contradicción con la tradición católica: ¿cómo conciliar los dos aspectos sin negar la perfección de Dios y de sus Textos? Galileo sitúa la respuesta en el ámbito del lenguaje. Según él, la Palabra de Dios, expresada a través de la Biblia estaba destinada a la gran mayoría, al pueblo, y no era, por tanto, muy precisa con el fin de faci-

litar la comprensión por parte de todos, eruditos o la simple gente del pueblo. Es, en efecto, más simple afirmar que el Sol gira alrededor de la Tierra (lo que nuestros sentidos parecen percibir) que imaginar al hombre girando sobre una Tierra en movimiento (lo que ningún sentido parece percibir). Más allá de las simplificaciones bíblicas, existen otros aspectos en las cosas, científicos e innegables, más complejos. Los Textos no son, por tanto, una fuente de saber y su papel se limita a la vida moral y espiritual de los individuos.

Un discurso de este tipo era (muy eventualmente) aceptable cuando se trataba de los astros, pero la Iglesia alimentaba miedos que iban más allá: si se comienza por aceptar una interpretación tan amplia de los Textos ¿qué impediría hacer lo mismo con la concepción divina, la moral, etc.? Admitir que la Biblia pudiera no reflejar integral y perfectamente la verdad, suponía el riesgo de crear una corriente imposible de manejar, algo evidentemente inaceptable para los sostenedores de la ortodoxia católica.

De Tolomeo a Copérnico

Tolomeo sintetizó y desarrolló en 140 después de Cristo, las creencias astronómicas que iban hacerle pasar a la posteridad. Multiplicó las observaciones y dibujó tablas muy complejas de su geometría del cielo según la cual la Tierra está en el centro de todo, inmóvil. A este postulado «filosófico» de partida, hace corresponder las trayectorias de los planetas, de la Luna, del Sol... Alrededor de la Tierra existirían así una serie de esferas perfectas, colocadas como muñecas rusas que girarían todas al mismo tiempo. La última esfera, la más alejada, es donde estarían fijadas las estrellas, una especie de decoración también inmóvil. Esta concepción coincidía perfectamente con la fe cristiana: la Tierra y el Hombre están en el centro de todo, el mundo divino se situaba más allá de la última esfera de las estrellas. Durante catorce siglos, los astrónomos (y antes que ellos los astrólogos) van a basarse en las teorías de Tolomeo. Para llegar a un modelo más justo, hará falta esperar a que las mentes se liberen de la tutela griega y a que las incoherencias de las observaciones sean demasiado evidentes para los astrónomos del siglo XVI. En efecto, la mera observación no permitía verificar de manera precisa el

sistema de Tolomeo. Muy a menudo, los astrónomos veían, al llegar la noche, un planeta que no estaba exactamente donde habían previsto, otro aparecía antes de hora, otro se retrasaba... Una situación insoportable para numerosos científicos del siglo XVI, el más importante de los cuales es sin duda Copérnico.

Nació en Polonia, en Thorn en 1473, en una familia de comerciantes y funcionarios. Su tío materno era obispo, lo que le permitió beneficiarse de una muy buena educación, primero en derecho y medicina, después en geografía y en astronomía. Los planetas y su órbita en gran parte incomprensibles (si se aceptaban los textos antiguos)

Non parem Pauli gratiam requiro
Veniam Petri neq. posco, sed quam
In crucis ligno dederas latroni
Sedulus oro.

Nicolaus Copernicus Thorunensis Mathematicus Celeberrimus
Ex Monumento Thorunensi expressus. J.J. Vogel fecit Francof.S

se convierten para él en una verdadera obsesión. Publica una primera obra *Commentariolus*, en la que sienta las bases del heliocentrismo, centrándose esencialmente en mostrar cuán incoherente es el sistema de Tolomeo. Pero estas ideas innovadoras sólo encuentran un débil eco y únicamente algunas decenas de personas tendrán conocimiento de esta primera obra.

Al cabo de los años, Copérnico, convertido en canónigo por la gracia de su tío el obispo, se implica principalmente en la gestión de la ciudad, ya sea para la construcción de un sistema hidráulico, la elaboración de un tratado sobre la moneda o para llevar un proceso contra los caballeros teutónicos. Paralelamente, afina su teoría heliocéntrica: partir del postulado de que el Sol está en el centro de todo da mejores resultados en el establecimiento de los calendarios y de la previsión del movimiento de los planetas. Copérnico no se basa, como Galileo, en rigurosas observaciones (no tenía de todas formas los instrumentos precisos), sino en el puro razonamiento y en la lógica matemática. Por otra parte, ¿no es más lógico imaginar que la fuente de calor de luz esté en el centro del universo? Un argumento más místico que matemático...

Algunos resúmenes de las ideas copernicanas aparecen en diversos tratados, pero lejos de aportar gloria y posteridad al astrónomo, suscitan esencialmente burlas y bromas. Ésta es sin duda la razón por la cual Copérnico rehúsa durante veintisiete años publicar su «gran obra», un libro que profundiza en sus teorías sobre el lugar de la Tierra y del Sol. *De Revolutionibus Orbium Caelestium* se publica en 1543, el año de su muerte. No tendrá apenas tiempo para ver el primer ejemplar en sus manos... Es un verdadero tratado matemático, muy técnico y, como afirma él mismo, «que no puede ser comprendido y seguido más que por pocas personas». Lejos del estilo claro y a menudo con imágenes de Galileo, escribe para un puñado de eruditos y de discípulos que se cuentan con los dedos de las manos. Sus teorías serán casi olvidadas después de su muerte. No había nada en todo ello que pudiera inquietar verdaderamente a la Iglesia.

Cuarenta años después de Copérnico (y algunos años antes de los primeros trabajos de Galileo) es el astrónomo danés Tycho Brahe quien retoma en parte la teoría copernicana, pero haciendo una sutil (y diplomática) amalgama con el sistema de Tolomeo. Según él, los planetas giran efectivamente alrededor del Sol. La Tierra, por su parte, es una excepción: está en el centro del mundo y a su alrededor gira el Sol y sus planetas...

Dos grandes órdenes religiosas sostenían por entonces a la Iglesia católica: los jesuitas y los dominicos. Los primeros eran los sostenedores de las ciencias oficiales, letrados, algunas veces científicos, abiertos al progreso, en cierta medida. Cuando conocieron las tesis de Galileo, estuvieron tentados de aportar un cierto crédito y de buscar la forma de hacerlas cohabitar con los textos de la Biblia. La tarea era ardua y, finalmente, muy arriesgada ya que suponía el riesgo de introducir la duda en el conjunto de fundamentos y de la fe católica, mucho más allá de la simple consideración de los planetas.

Los Dominicos, por su parte, se opusieron a toda noción de progreso, toda innovación era sospechosa por principio y, a menudo, contraria a la voluntad de Dios. Fueron los adversarios más encarnizados de Galileo que comprobará demasiado tarde el poder de la ortodoxia.

El matemático es creyente pero está muy poco interesado en las preocupaciones de la Iglesia, que se enfrenta entonces a la oposición de la Iglesia reformada protestante. No se siente apenas preocupado por los debates puramente teológicos, soñando sólo con una verdadera colaboración con las instituciones religiosas, lejos del oscurantismo y de los habituales «misterios». De hecho, una nueva ciencia liberada del peso de los siglos.

PRIMER PROCESO CONTRA GALILEO

El primer ataque verdadero surgió de la orden de los Dominicos que, por medio de dos de sus monjes, presenta una queja contra Galileo por haber «pronunciado palabras contrarias a la fe». Se pide al Santo Oficio que se pronuncie. Esta congregación, respetada y temida, fue fundada por Pablo III en 1542 para mediar en los conflictos teológicos y establecer «lo que es verdad y lo que no lo es». Su brazo armado no es otro que el Tribunal de la Inquisición... El Santo Oficio existe aún hoy día para arbitrar sobre todas las cuestiones relativas a la fe y a la moral.

En marzo de 1616 se pronuncia el veredicto: los libros que defienden el sistema de Copérnico se prohíben, al tiempo que se les expurga. Como consecuencia de ello, el papa Pablo V hace saber a Galileo que si persiste en enseñar sus teorías y declararlas verdaderas, será encarcelado inmediatamente. El veredicto se le comunica oralmente, lo que es una manera de atenuar la violencia de la amenaza hacia un sabio, por otra parte, respetado y beneficiario de altas protecciones.

Galileo, estupefacto por la virulencia de las acusaciones, promete plegarse a los deseos de la Iglesia y abandonar su cruzada. El golpe ha sido severo, es un aviso que no puede tomarse a la ligera. Pero la forma bastante cortés de esta puesta en guardia, así como ciertas conversaciones privadas con los altos dignatarios le hacen conservar la fe en una actitud más conciliadora hacia él. Confía siempre en ablandar la posición «oficial» del Vaticano. Incluso siendo muy prudente, Galileo no abandona el combate por la ciencia moderna.

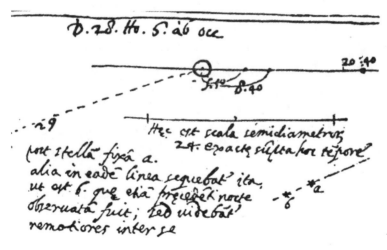

Apuntes de Galileo

Hacía falta una buena dosis de coraje para desafiar la enorme ira de la Inquisición.

Pero se toma su tiempo antes de retomar la ofensiva, consagrándose con un fervor mayor a las observaciones astronómicas. Aporta nuevas mejoras a lo que comienza a llamar «lentes astronómicas» que le permitirán alcanzar hasta treinta aumentos. Durante noches enteras, Galileo analiza y reproduce esquemas, cada vez más precisos, y sus observaciones y sus cálculos constituyen una prueba evidente de la veracidad del sistema copernicano. «Y la Iglesia que no quiere saber nada, nada escucha, nada acepta, cuando los ojos están ahí para ver ¡que tristeza!»: esta frase ¿cuántas veces se la ha tenido que repetir a lo largo de años de silencio y de profundos estudios?

Si bien no se refiere directamente al sistema copernicano, esto no le impide criticar la forma en que las ciencias tradicionales funcionan, basándose en cosas «que creen saber, sin haberlas experimentado nunca rigurosamente». Galileo escribe, replica, desmonta las teorías anticuadas, no desperdicia ninguna ocasión de polemizar. Y continúa haciéndose enemigos, principalmente entre los jesuitas.

En 1623, de repente un suceso le devuelve la esperanza en poder convencer a la Iglesia de aceptar el progreso y de modificar su fijeza intransigente en el dogma: un nuevo Papa llega a los mandos de la cristiandad. Y Urbano VIII tiene fama de apoyar la causa del progreso, de la cultura y de las artes y las ciencias. Ha sido elegido gracias al apoyo del partido de los cardenales franceses, mucho más abiertos (y menos obnubilados por la Contrarreforma) que sus homólogos españoles, por ejemplo. Los cielos parecen iluminarse para Galileo y sus sueños de una ciencia moderna. Se encuentra varias veces con Urbano VIII con el cual intercambia puntos de vista sobre la ciencia y, por supuesto, sobre el sistema astronómico de Copérnico. Sin convencerle de adoptar sus tesis, Galileo siente que el sucesor de Pedro podría no estar totalmente en contra de sus ideas... El matemático busca ahora la retirada del decreto de 1616 que condena su defensa del heliocentrismo y que prohíbe su discusión. El soberano pontífice no es, sin embargo, muy entusiasta, demostrando una prudencia que revela todo su sentido político: «Si muchos hechos parecen mostrar que efectivamente la Tierra gira alrededor del Sol, es también posible que Dios en su infinito poder, haya obtenido los mismos efectos haciendo girar el

Sol alrededor de la Tierra como afirma la Biblia» El arte de echar balones fuera y de no correr riesgos...

Decepcionado, pero no descorazonado, Galileo prosigue sus exploraciones científicas en el mundo en que el ojo no puede ver sin la ayuda de instrumentos, inventando... ¡el microscopio! Después de lo infinitamente grande, es el turno de lo infinitamente pequeño. El artefacto es muy rudimentario pero sin embargo espectacular y, tal como había hecho con sus lentes astronómicas, envía varios ejemplares a los príncipes y a los poderosos de toda Europa. Una vez más, su prestigio de sabio triunfa, su reputación es inmensa, extendiéndose mucho más allá de las fronteras. Es también la época en que publica sus trabajos sobre los imanes, de los que fabrica modelos cada vez más potentes, y sus ventas sostienen sus finanzas siempre en número rojos, sobre todo cuando debe atender también a las necesidades de la familia (numerosa) de su hermano.

Y después, escribe. Tras la elección de un nuevo Papa, emprende la redacción de una obra ambiciosa, un diálogo exponiendo en detalle los argumentos de Galileo sobre el sistema solar y desmontando, punto por punto, los contra-argumentos. Necesitará seis años para terminar este trabajo. Y dos más para obtener la autorización de publicarlo. Roma ha hecho alargar las cosas antes de dar el *imprimatur* necesario, multiplicando las correcciones, reescrituras y censuras. El texto sale por fin de una imprenta florentina bajo el título de «*Diálogo sobre los dos grandes sistemas del Mundo, el toloméico y el copernicano*».

El libro de Galileo sobre los sistemas toloméico y copernicano

Es un giro mayor en la vida del matemático.

Rápidamente, nubes negras se acumulan sobre su cabeza. Él, que contaba con su obra para conseguir de la Iglesia una mejor disposición hacia la ciencia moderna, ve enseguida desvanecerse sus esperanzas.

«El Papa está en muy mala disposición hacia usted», le murmuran. «He oído a tal cardenal cubriros de oprobios». Sin embargo, otras voces están ahí para animarle: «Su obra es destacable, ¿cómo no adherirse al sistema de Copérnico?».

Para cortar de raíz las críticas y también para recibir la autorización de publicar, Galileo se había cuidado de terminar su obra con un signo de alianza con la Iglesia. Cuando acaba de defender su teoría de flujo y reflujo de las mareas, prueba según él de que la Tierra gira alrededor del Sol, hace decir bruscamente a uno de los personajes del *Dialogo*: «Pero siempre tengo en mente la sólida doctrina de una persona muy sabia y eminente a la cual no podemos más que adherirnos. Podemos preguntarnos si Dios, en su poder y sabiduría infinitos, podía o no podía dar al agua, en lugar de un movimiento de ida y vuelta que nosotros vemos, cualquier otro movimiento... sé que me responderá que Dios habría podido realizar el movimiento del agua de mil y una maneras, algunos de los cuales no son siquiera concebibles. De donde concluyo que, siendo esto así, sería una temeridad que alguien quisiera limitar la toda poderosa sabiduría divina y reducirla a una sola concepción en particular».

Esta conclusión a la que llega la obra es la de la Iglesia, un argumento que el Papa Urbano VIII mismo avanzó en sus discusiones con Galileo, poco después de su llegada al trono de San Pedro. Pero este párrafo, con el que termina la obra y al que todos los personajes del *Dialogo* se pliegan bruscamente, no engaña a nadie. El sabio piensa así adoptar un perfil lo suficientemente bajo al no atacar frontalmente las posiciones oficiales de la Iglesia. Se siente protegido. De todas formas ¿no ha obtenido el *imprimatur*?

FRENTE A LOS JUECES

Los adversarios de Galileo no son novicios en el arte de volver las cosas a su favor. Los doctores jesuitas, de quienes el sabio se ha burlado a menudo en sus escritos y en su toma de posición pública, no se quedan sin reaccionar. El subterfugio del último párrafo no les detiene, más bien lo contrario. Usan su influencia para hacer creer al Papa que el personaje que Galileo ha inventado para ser su contradictor en los *Diálogos*, y que tiene el nombre de «Simplicio», no es otro que el Papa mismo. Pasar por un ser prosaico, de una ingenuidad desconcertante, es considerado como una afrenta por Urbano que pierde todo su afecto por el sabio imaginándose que éste ha hecho todo para denigrarle ante los eruditos. Los jesuitas se marcan un punto decisivo.

El contexto político de la época no incita tampoco al Soberano Pontífice a la magnanimidad hacia las tesis de Galileo. Urbano VIII está en medio de los dos frentes que se reparten Europa. De un lado, España y el Emperador germánico y del otro los franceses que han instalado al Papa en el Vaticano. En varias ocasiones, Urbano ha estado obligado a hacer el juego de la política francesa, provocando la irritación creciente en el otro campo. Y la muy rigurosa España lanza cada vez más rumores sobre este Papa al que encuentra demasiado apegado a su comodidad y a las artes, distribuyendo puestos clave entre sus allegados y «no siendo así piadoso y digno de gloria como sus predecesores». ¡Incluso se le acusa públicamente de apoyar y proteger a verdaderos herejes!

La posición de Urbano VIII está gravemente debilitada, teme complots, asesinatos violentos, envenenamientos... En este contexto, no puede correr el mínimo riesgo. El Papa de las Artes y de Ciencias, apoyado por los más ortodoxos de sus fieles, no hará un gesto para defender a Galileo, por el cual sin embargo sentía una verdadera admiración.

La espada de la Santa Inquisición

En el mes de septiembre, se lanza la ofensiva católica. Galileo recibe la orden de presentarse ante la Congregación del Santo Oficio, en Roma, para responder a las preguntas relativas al carácter «copernicano» de su libro. El matemático trata de escapar a la citación y apela a todos sus contactos, pero no hace sino acentuar la ira de sus enemigos, ahora seguros del apoyo del Papa. Galileo se resiste, justificándose en el frío otoñal, y su delicada salud, la epidemia de peste que asola Europa... No tiene nada que hacer.

El tono de los inquisidores se hace más incisivo y amenazador: «Nuestra Congregación del Santo Oficio no admite que Galileo Galilei no haya obedecido rápidamente a la orden que se le había dado de venir a Roma, actúa mal al tratar de disimular esta desobediencia bajo el pretexto de una enfermedad. Su Santidad y los Eminentísimos Cardenales en nombre de quien hablo no quieren, de ninguna manera, tolerar estas falsedades ni admitir excusas (...). Si no obedece inmediatamente, enviaremos a Florencia a un comisario con médicos para prenderle y conducirle, encadenado, a las prisiones de este tribunal supremo».

Esta vez, el sabio se pone en marcha, con la muerte en el alma. Sabe que una citación de este tipo sólo puede presagiar problemas y que no saldrá vencedor de esta confrontación. El único beneficio que consigue es el de no ser encarcelado en Roma y el de poder residir en los locales de la embajada de Florencia, mientras espera el veredicto de los jueces.

Después de veinticinco días de viaje, llega agotado a Roma. Galileo tiene 69 años, sale efectivamente de un periodo de enfermedad y ya no tiene la determinación, la fuerza que le permitía luchar. En una carta a uno de sus amigos, escribe: «Los frutos de mis trabajos y penalidades de tantos años, que me habían permitido en otros tiempos conocer al público cultivado y me habían dado una reputación bastante brillante, sirven ahora para atacar con gravedad a mi reputación y ayudan a mis rivales a atacar a mis amigos..., a quienes echan en cara que finalmente he merecido ser citado ante el Tribunal del Santo Oficio, medida que sólo se toma contra personas de culpas graves. Esto me aflige hasta el punto de llegar a detestar todo el tiempo que he consagrado en el pasado a este tipo de estudios por los cuales deseaba y esperaba, en cierta medida, alejarme de los caminos normales que siguen la mayoría de los sabios. Me arrepiento de haber expuesto al mundo una parte de mis trabajos y quiero suprimir y quemar aquellos que tengo todavía conmigo, satisfaciendo así a mis enemigos a quienes mis ideas disgustan tanto».

El tono no puede ser más amargo ni la desilusión más profunda. Él, que había deseado tanto el matrimonio razonable entre religión y ciencia moderna, se siente desfallecido. Al final de su vida, antes mismo de que el tribunal se pronuncie, Galileo es un hombre vencido, no tiene ya tiempo de exponer sus argumentos ante una Iglesia que sólo exige sumisión y obediencia.

El argumento centro del proceso son las actas de 1616 y la prohibición de entonces al sabio de no defender públicamente sus ideas sobre el sistema copernicano. A este respecto los historiadores están perplejos. En efecto, Galileo sostiene no haber tenido nunca conocimiento sobre este punto, que sólo figura en un documento que no lleva las firmas habituales y oficiales. ¿Es un documento falso, elaborado después para incriminar a Galileo? La cuestión está abierta todavía. En cualquier caso, aunque no todo se hizo según las normas en el primer proceso, basta con que la Inquisición se base en este texto para romper la defensa del sabio. Es, por otra parte, su único ángulo de ataque:

—¿Por qué no ha señalado esta prescripción que se le hizo en 1616 en su petición del *Imprimatur*?

—Pero, si yo no la conocía... ¡Sólo tuve una comunicación oral del juicio y no era de ninguna forma tan amplia y precisa!

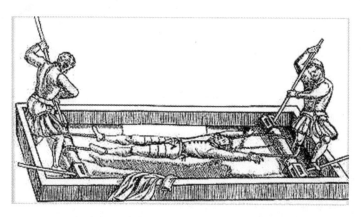

Un ejemplo de una de las formas de tortura de la Inquisición

Abjuración

Ante la insistencia de los jueces y ante sus amenazas, Galileo cambia de defensa. Afirma que su texto no le parece infringir la disposición de 1616, que no había visto la necesidad de señalarla en su petición de publicación... Desde ese momento, su suerte está sellada. Él que esperaba que los debates girasen, al menos en parte, sobre la veracidad de sus observaciones y las demostraciones matemáticas, no puede enfrentarse en el terreno de las ideas. El Juez Instructor no está ahí para escuchar discusiones sobre la veracidad o no del sistema heliocéntrico.

Por otra parte, Galileo, viendo que la partida está perdida, no busca defenderse sobre el fondo. Como le aconsejan sus amigos, se somete, sea cual sea el coste. Sólo una sesión se consagra al examen de sus posiciones copernicanas, en el mes de junio. Las sesiones del tribunal se suceden unas a otras, durantes semanas y meses. Galileo está ahora sometido a lo que se llama «examen riguroso» para conocer sus opiniones, términos que significan muy claramente la posibilidad de un recurso a la tortura.

El anciano no persigue siquiera resistirse: «No comparto ni he compartido nunca está opinión de Copérnico desde que se me pidió oficialmente su abandono. Por otro lado, estoy en sus manos, hagan de mí lo que les plazca».

Finalmente, después de meses de interrogatorios, se le comunica la sentencia: prohibición de publicación del *Diálogo*, condena a prisión así como a penitencias espirituales, principalmente a «recitar una vez por semana, durante tres años, de siete salmos de la Penitencia».

Galileo, agotado acepta todo sin reaccionar. De rodillas, como quiere el Tribunal, pronuncia la abjuración que se espera de él:

«Yo, Galileo, de 69 años de edad, (...) juro que siempre he creído, y que todavía creo y, con la ayuda de Dios, que creeré en el futuro todo lo que admite, predica y enseña la Santa Iglesia Católica y Apostólica (...). De buena fe, abjuro, maldigo y desteto mis errores y herejías y creencias contrarias a la Santa Iglesia. Juro que en el futuro no diré ni afirmaré nada, ni oralmente, ni por escrito, que sea susceptible de hacer concebir tales sospechas hacia mí. Además, si conozco a alguien que sea sospechoso de herejía, lo denunciaré (...). He firmado la presente acta de mi abjuración pronunciada palabra por palabra en Roma en el Convento de la Minerva, este 22 de junio de 1633».

Con su discurso, Galileo da la victoria a sus enemigos, abandonando en apariencia la causa de la ciencia moderna. Pero, a decir verdad ¿qué podía hacer este anciano, a las puertas de la muerte, ante el brazo implacable de la Inquisición? ¿Debía rebelarse, luchar, rehusar a abjurar y terminar en la hoguera como Giordano Bruno? Galileo no tenía fuerzas. Sin embargo, ni por un instante ha dudado de la veracidad del sistema copernicano. Una leyenda incluso cuenta que gritó, después de la promulgación de la sentencia del tribunal, golpeando el suelo con su bota: «Y sin embargo, ¡se mueve!».

Galileo abjuró, convencido de que sus ideas eran ya muy conocidas por los sabios de su tiempo como para ser eliminadas. Sentía la marcha implacable de esta nueva concepción de la ciencia que él había querido vincular con la religión. ¡Qué utopía haber esperado convencer a la Iglesia de dar una visión nueva sobre los textos sagrados a la luz de los descubrimientos científicos! Esto denotaba una fe exagerada en la capacidad de la Iglesia de abrirse y adaptarse a la realidad. Galileo, hombre de fe que quería empujar al Vaticano a adoptar nuevas formas de ver el mundo, no consiguió más que desencadenar resentimientos y odios. El anciano sufre la humillación suprema de la abjuración, esperando que la historia le haga, un día, justicia. Tenía razón.

EL PRISIONERO DE LA IGLESIA

El final de la vida de Galileo es propio de un monje. Evita la paja húmeda de las prisiones romanas, pero debe vivir en reclusión en la pequeña ciudad de Arcetri, donde posee una casa de campo. «Debo estar tranquilo, de lo contrario se me hará volver a Roma a las verdaderas prisiones del Santo Oficio». El sabio se encuentra terriblemente solo, prisionero de una ciudad situada lejos de las grandes rutas, donde se aventuran pocos extranjeros. De todas formas, la Inquisición le prohíbe recibir visitas, por el temor de que Galileo consiga constituir una verdadera «cohorte de discípulos» y forme una especie de escuela galileniana. Son pocas las personas que obtienen la autorización de entrevistarse, aunque sea por pocas horas, con el recluso. ¡Tanto era el miedo de la institución religiosa ante el viejo sabio! Le queda, de todas formas, su pluma y una abundante correspondencia secreta le permite mantener el contacto con los espíritus libres de toda Europa. Las cartas toman caminos tortuosos para darles nuevas noticias que muestran que su combate no ha sido en vano: sabe que varios de sus libros han sido publicados en el extranjero, principalmente en Alemania e incluso han sido traducidos al latín, asegurando su difusión entre los eruditos, más allá de las barreras lingüísticas. Sus ideas sobre el sistema del mundo no pueden permanecer inmovilizadas en la picota de la Iglesia. El mundo de las luces llamaba con fuerza a la puerta.

Galileo se dedica, entonces, a su última obra, un nuevo diálogo titulado *Discurso sobre las nuevas ciencias*, en el que demuestra que el hombre puede ir muy lejos gracias a la ciencia, a poco que acepte trabajar con toda su razón, dejando atrás los prejuicios y oscurantismos. La obra, particularmente brillante, se publica en Holanda en 1638.

El final de la vida del sabio está marcado por una ceguera total y brutal. Un drama para él que había observado los cielos con tanto ardor: «Considerad en qué aflicción me hallo cuando pienso que este cielo, este mundo, este universo que mis maravillosas observaciones y mis claras demostraciones habían hecho cien y mil veces más grande que todo lo que habían conocido los sabios de todas las épocas pasadas, está ahora disminuido para mí y reducido a no ser más que el espacio que ocupa mi propia persona».

El *Discurso sobre las nuevas ciencias* es el verdadero testamento de Galileo, la obra en la cual retoma sus ideas y sus concepciones del mundo y de la ciencia moderna. En él trata de la resistencia de los cuerpos sólidos, antecedente de la gravedad, del vacío así como de la dinámica de los cuerpos en movimiento. En ningún momento, Galileo ha renegado de sus convicciones.

REHABILITADO POR LA HISTORIA

El 8 de febrero de 1642, pocos semanas antes de su sesenta y ocho cumpleaños, aquel que hizo temblar a tantos prelados sucumbe a unas malas fiebres. Vincenzo Vivan, uno de sus discípulos autorizados a asistirle en el crepúsculo de su extraordinaria vida, escribe entonces: «Con una constancia de cristiano y de filósofo, ha rendido su alma al creador. Esta alma se fue, podemos creer, a gozar más de cerca la contemplación de las maravillas eternas e inmutables que por medio de un frágil instrumento, con tanto celo y pasión había acercado a nuestras miradas mortales».

Incluso después de su muerte, Galileo continúa haciendo temblar a Roma. Cuando sus amigos dan los primeros pasos para la construcción de un monumento en su gloria en la ciudad de Florencia, el Vaticano presiona por medio del sobrino de Urbano VIII, que escribe a las autoridades religiosas de la ciudad: «No conviene construir un mausoleo para el cadáver de alguien que ha sido condenado por el Tribunal de la Santa Inquisición y que ha muerto cuando aún purgaba su pena». Roma no quiere hacer de Galileo un mártir, ya que sería la mejor manera de dar todavía más peso a su mensaje. Hará falta esperar hasta 1737 para que el monumento en honor del matemático sea erigido y todavía entonces la Iglesia vigilará cuidadosamente para censurar la inscripción destinada a ser grabada en él...

Hasta 1822, la Tierra continuó oficialmente estando fija en el centro del universo con un sol girando a su alrededor, conforme a los textos bíblicos y a los antiguos filósofos. Cuando el mundo entra totalmente en el siglo XIX, al Vaticano ya no le resulta posible contener el desarrollo científico. Incluso para los ciudadanos corrientes, el sistema copernicano se había convertido en una evidencia, corroborada por observaciones y cálculos cada vez más precisos.

La Iglesia católica, que había querido acallar la ciencia, sujetarla a su dogma, no tenía ya peso suficiente para contener el progreso científico que quería hacer el mundo más comprensible, más fácil de vivir y más maravilloso. Esta Iglesia, que había querido encerrar a la humanidad en la oscuridad, había perdido la batalla.

Si Galileo marcó su siglo, y los siguientes, no fue tanto por sus invenciones, sus teoremas o sus demostraciones (la mayoría de la cuales eran en parte ya conocidas o pertenecían al «aire de los tiempos») como por su manera de concebir la ciencia. Es él quien convierte en regla la necesidad de ligar teoría y experiencia, de creer en lo que revelan los instrumentos más que en lo que enseñan los textos antiguos. ¿Las lentes astronómicas muestran que la Biblia es falsa? Entonces es la ciencia quien tiene razón frente a las creencias que no se pueden demostrar.

Con nuestra mirada moderna, esto parece una evidencia, pero hacía falta ser, en el siglo XVII, un verdadero espíritu libre y también tener mucho valor para enunciarlo. Afirmar, como Galileo, que la ciencia podía permitir una aproximación más precisa a la realidad de las cosas tenía que hacer temblar a la Iglesia. Dar a otros el poder de explicar las cosas del mundo, conocido y desconocido, suponía para el catolicismo (voz oficial del Creador) demostrar su propia debilidad. Impensable.

¡Y hará falta esperar incluso hasta 1992 para que el Vaticano reconozca claramente sus errores y su responsabilidad en el caso Galileo! Una comisión reunida por Juan Pablo II entonó el *mea culpa* de la Iglesia y afirmó que se equivocó al luchar por una interpretación estrictamente literal de los textos sagrados cuando es necesario considerarlos en un sentido figurativo. Exactamente lo que Galileo Galilei afirmaba ¡casi cuatro siglos antes!

El combate entre el pequeño Galileo y Roma fue ciertamente desigual pero como en la lucha entre David y Goliat, el vencedor final era un justo.

GALILEO MIEMBRO DEL GRUPO DE LOS LINCEI

En *Ángeles y Demonios*, Dan Brown hace a Galileo miembro de los *Illuminati*, sociedad secreta consagrada a la lucha de los científicos contra la Iglesia. ¿Qué hay de cierto en ello? Aunque, si los *Illuminati* no existían todavía a principios del siglo XVII, Galileo sí perteneció a un pequeño grupo de personas ilustradas, apasionadas de las ciencias, los «*Lincei*», los linces. Su academia es sin duda la primera sociedad de sabios constituida en Europa.

Roma, 17 de agosto de 1603. Cuatro jóvenes constituyen la *Academia dei Lincei* encabezados por el Príncipe Federico Cesi (el hijo del primer Duque de Acquasparta) que se autoproclama firmemente *Consesus princeps et institutor*, es decir, príncipe y fundador de la asociación. A su lado, está su asistente De Filiis, así como un holandés, Johannes Eck, diplomado en la facultad de medicina de Stelluti, experto en ciencias naturales.

Tienen entre 18 y 25 años pero su poca edad no les impide sentir una gran pasión por las ciencias, sino todo lo contrario. La fuerza de la juventud les da el impulso de destruir las montañas de la ignorancia. Asisten a conferencias de Galileo, que es ya un sabio reputado, aunque todavía no ha popularizado el telescopio. Como él, los *Lincei* tienen la voluntad de comprender el mundo tal como es y de desentrañar los misterios con la misma agudeza que el lince, que es su emblema.

Los *Lincei* no son, hablando con propiedad una sociedad secreta, pero la libertad de pensamiento exige un mínimo de discreción en estos tiempos problemáticos de lucha entre católicos y protestantes. El misterio con que se envuelven los jóvenes y sus experiencias concretas (no inscritas en la «tradición» universitaria) suscitan la desconfianza del padre de Cesi y de su entorno. Las presiones familiares conducen al pequeño grupo a cesar de actuar en público, al tiempo que el holandés Eck es prácticamente acusado de brujería y obligado a abandonar Roma en 1604 para refugiarse en su país natal.

Pero su pasión por la ciencia continúa intacta y los cuatro jóvenes se escriben con regularidad, manteniendo viva la Academia. Obligados a una discreción total, desarrollan un gusto cada vez más fuerte por el misterio y los ritos que evocan las sociedades secretas o a los alquimistas.

Giordano Bruno, el librepensador

Filippo Bruno es una figura ejemplar en la lucha entre la libertad de ideas y la religión, un verdadero personaje de novela que bien podría haber tenido un lugar en *Ángeles y Demonios*.

Nacido en 1548, en una pequeña ciudad cercana a Nápoles, en una familia modesta pero cultivada, se beneficia de una buena educación en la Universidad pública de Nápoles, se apasiona por la gramática y (más original) por los procedimientos nemotécnicos. Esta disciplina, verdadero arte de la memoria, será una de sus grandes pasiones. A los 17 años, atraído por la fama de los hermanos dominicos, entra en el convento, más por el ansia de aprender y de descubrir que por el interés de obediencia a la regla. Durante diez años, sigue unas enseñanzas teológicas bastante profundas, hasta que se convierte en cura.

Pero, el rigor teológico, las ideas puramente dogmáticas de la religión, no pueden satisfacer por mucho tiempo un espíritu tan curioso y salvaje. Más allá del estudio de los autores «clásicos», Bruno se interesa cada vez más por los textos más herméticos, principalmente los de Erasmo, considerados como heréticos. No puede ya ocultar su pasión por la magia, el ocultismo y la cosmología, sin contar con sus costumbres calificadas de «desviadas». Los hermanos dominicos amenazan con hacerle abandonar los hábitos. Tres años después de su ordenación, el joven se adelanta a la sentencia y abandona este hábito de piedra donde la estrechez es insoportable.

Después de una primera parte de su vida perfectamente ordenada, tiene ahora la experiencia de la precariedad, la pobreza y la hostilidad. Durante quince años, Filippo (convertido en Giordano en homenaje a uno de sus maestros), surca los caminos de Europa y elabora las teorías que le van a conducir hasta la hoguera. Publica una primera obra consagrada a la nemotecnia que le vale, durante un tiempo, la protección de Enrique III. Se convierte por poco tiempo en calvinista, antes de que sus ideas sulfurosas provoquen su expulsión de la comunidad...

Aparecen otras obras, en las cuales diseña una filosofía verdaderamente revolucionaria del mundo y del universo, en total contradicción con el dogma católico. En primer lugar, Bruno hace apología de las tesis copernicanas sobre el heliocentrismo, pero va más lejos al afirmar que toda reflexión seria sobre la cosmología tiende a demostrar que existe una infinidad de mundos como el nuestro, con sus soles, sus planetas y sus estrellas.

Sostiene también que toda materia tiene una existencia propia, con un alma racional y unas normas específicas. Lo que lleva a afirmar que ciertas leyes físicas son «naturales» más que divinas. Estas tesis son provocadoras, mezclando ciencia y hermetismo, observación y misticismo. La originalidad de este pensamiento no podía pasar inadvertida y el antiguo cura es expulsado de varias ciudades de Italia y de Alemania antes de encontrar refugio en casa de un letrado de Venecia que quiere ser introducido en los procedimientos nemotécnicos ahora en boga. Pero la relación entre ellos se deteriora y el veneciano se venga denunciando a Bruno a la Inquisición. El último acto de la tragedia se desarrolla en los sótanos de Roma.

La libertad, hasta la muerte

Durante siete años, el filósofo es retenido en prisión, principalmente en el Castillo de Santo Ángel. Las sesiones de tortura físicas suceden a las presiones morales para hacer ceder a este espíritu rebelde, para que reconozca finalmente sus «errores» y declare el poder total de la Iglesia Católica.

—No temo a nada ni me retracto de nada, ¡no hay nada de qué retractarse! —declara ante los jueces de la Inquisición liderados por el cardenal Bellarmin, el mismo jesuita que llevará más tarde el primer proceso de Galileo.

Pero, mientras que este último terminará por abjurar, Bruno no abandona su convicción de que el pensamiento del hombre le pertenece y no debe estar sujeto ni siquiera a Dios. Todo individuo debe luchar por la libertad de pensamiento, la libertad de creer o no creer, la libertad de ser plenamente racional o no serlo. La Iglesia no puede pretender otra cosa.

El 17 de febrero de 1600, Giordano Bruno es conducido finalmente a la hoguera erigida sobre el Campo dei Fiori, un lugar situado en los suburbios de Roma.

Se le conceden entonces sus últimas palabras:

—¡Vosotros demostráis más miedo en ejecutar esta sentencia que yo al aceptarla!

En realidad esta frase fue dicha algunos días antes, dirigida a los jueces que acababan de condenarle a muerte. Durante la ejecución, la Santa Inquisición se había preocupado de hacer clavar la lengua del filósofo sobre una plancha de madera, ¡para impedirle pronunciar sus diatribas contra el dogma y el pensamiento divino impuesto a las hombres!

No contenta con haber hecho desaparecer a Bruno, la Iglesia se cuidó, dos años más tarde, de quemar todos sus libros, una obra calificada de «falsa, herética, corruptible de las buenas costumbres y de la fe cristiana».

El municipio de Roma hizo levantar finalmente una bonita estatua de bronce de Bruno sobre el emplazamiento de su hoguera. Dominando la plaza donde se celebra todos los días un simpático mercado de frutas y legumbres, recuerda cómo ha intentado en vano la religión católica acallar al espíritu humano.

Bruno permanece como un símbolo que el Vaticano no ha querido nunca rehabilitar, reconociendo a duras penas y con la boca pequeña algunos «excesos»... Por el contrario, el cardenal inquisidor Bellarmin, torturador en nombre de Dios, intolerante y hostil a los espíritus libres, fue canonizado por la Iglesia en 1931 por «haber incrementado la gloria de Dios»...

Eck viaja a través de Europa y aprovecha para entablar relaciones con hombres de ciencia, contribuyendo así a extender las ideas de Galileo a favor de una cooperación científica internacional, lejos de las barreras de los dogmas.

En 1610, la academia renace de sus cenizas y recluta a nuevos miembros. El 25 de abril de 1611, Galileo cede a las súplicas de Cesi y se suma al pequeño grupo que cuenta con la enorme ventaja de tener dinero; dinero que utilizan principalmente para imprimir obras científicas. Poetas, filólogos y filósofos de todas las nacionalidades engrosan las filas de la Academia hasta llegar a 32 miembros en 1625.

Los académicos se encuentran ocasionalmente, la mayoría de las veces en el palacio de los Cesi, en la calle de la Maschera d'Oro (máscara de oro) en Roma. Allí se discute sobre el avance de las investigaciones científicas, se evocan los asuntos administrativos de la ciudad y se deciden los estudios importantes a realizar e imprimir. Entre estas publicaciones se hace sitio a las obras de Galileo que firma orgullosamente «Galileo Galilei Linceo», por ejemplo la *Historia e dimostrazioni intorno alle macchie solari* (1613) o *Il Saggiatore* (1623).

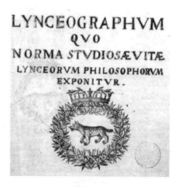

El grupo adquiere una cierta reputación y se beneficia de la protección de altos personajes, seducidos por la vivacidad de espíritu y por el encanto del Príncipe Federico Cesi. Pero éste, que es el cerebro y el alma de los *Lincei*, muere a los 45 años, en 1630, desaparición prematura que supone un duro golpe para la Academia. Sin su apoyo y su dinero, el grupo se muestra incapaz de defender a Galileo frente a los ataques cada vez más violentos. Cuando quiere editar en 1631 su *Diálogo sobre los dos grandes sistemas del mundo, el toloméico y el copernicano* (el mismo que le

Federico Cesi

valdrá las iras de la Inquisición), Galileo no puede contar con la Academia. Será en Florencia donde publique su obra, gracias a sus buenas relaciones con el Gran Duque.

La verdadera muerte de la asociación de científicos llega con la condena infamante a Galileo, que no se cortaba en reivindicar su pertenencia a los Lincei. Sin el apoyo de Cesi, el grupo no tiene casi peso frente al Vaticano que considera ya abiertamente un peligro a estos jóvenes librepensadores cuyas ideas progresistas van contra las enseñanzas del catolicismo.

Las bellas ideas de la Academia de los Lincei no sobrevivirán a Galileo.

Sin embargo, va a renacer, pero bajo el control total del Vaticano. En 1847 el Papa Pío IX, abierto a las ciencias, le concede nuevos estatutos y un papel «consultivo» del Vaticano para las cuestiones científicas. Se compone ahora de 40 miembros para las matemáticas y la física y de 30 miembros para la sección de ciencias morales, históricas y filológicas.

En el siglo XX, los Lincei se convierten en una verdadera institución de dimensión nacional, reuniendo en el Palacio donado por el Estado Italiano, a los mejores científicos del país. Formar parte es un honor, todavía hoy, muy perseguido.

Pero no queda gran cosa del pequeño grupo de jóvenes sabios que no dudaban en enfadar a la Iglesia en nombre de la libertad de pensamiento...

Villa Farnesina, sede actual de los Lincei en Roma

LA INQUISICIÓN, TERRIBLE
MÁQUINA DE GUERRA

Galileo y Giordano Bruno se han convertido en emblemas de la historia del pensamiento, principalmente porque fueron víctimas de la Inquisición. Gracias a la represión, a los procesos sumarios y al precio de cientos de miles de muertos, el catolicismo, consiguió mantener su autoridaden los siglos de contestación al dogma.

La Iglesia Católica no podía tolerar los herejes, es decir aquellos que sostenían una opinión o una doctrina heterodoxa, desviada o contraria a sus dogmas, con el riesgo de corromperlos o de pervertirlos. El diccionario Larousse recoge la siguiente definición de herejía: «Según la teología católica, concepción errónea en materia de la fe de un elemento esencial de verdad revelada o rechazo voluntario a admitir como tal una verdad definida por el magisterio».

Los heréticos rechazan principalmente los sacramentos de la Iglesia, lo que amenaza a la institución sagrada del matrimonio, tal como la concibe la religión católica. Estas presunciones impías denuncian, por otra parte, con gran virulencia, el enriquecimiento, la disolución en el lujo y la corrupción de las autoridades eclesiásticas. La herejía da lugar a un crimen de lesa majestad y es por esto que la Iglesia tiene el deber de investigar, juzgar y condenar a estos enemigos de la fe que comprometen el orden establecido.

Un buen ejemplo lo constituyen los cátaros. Nacido en el país de Oc a fines del siglo XI, el catarismo se desarrolla en principio en Limousin. En el siglo XII, los cátaros, miembros de una secta de origen cristiano, conquistan el sur de Francia, principalmente Toulouse, Foie, Carcasona y Béziers. Su doctrina reposa sobre el dualismo que opone dos principios maniqueos: el Bien (creador del mundo espiritual) y el Mal (creador del mundo material) y preconiza los valores de una vida pura, casta y austera. Tienen sus propios obispos y se consideran como Iglesia completa, administrando sus propios sacramentos y rechazando los de la Iglesia Católica. Ésta ve una seria amenaza a sus dogmas y a su unidad, ya que sus seguidores son numerosos. El Papa Inocencio III lanza, por medio de Simon de Montfor, contra estos provocadores de problemas, la cruzada albigense (1209-1229). La represión es sangrante y feroz, causando inmensas pérdidas humanas y destrozos considerables en el patrimonio arquitectónico y cultural de toda la región (destrucción de castillos, abadías y de ciudades enteras).

El Tribunal de la Inquisición

En esta época, los textos, los medios y los útiles represivos existen ya para luchar contra la herejía, pero su aplicación, confiada a los obispos, se considera todavía muy desordenada, poco sistemática, demasiado laxa y se juzga de poca eficacia contra las prácticas consideradas peligrosas. La dispersión de competencias, la reticencia de los propios obispos, el choque de poderes con el poder local, el desorden de las circunscripciones episcopales (generalmente de dimensiones reducidas), permiten a los heréticos pasar a través de la red y escapar del obispo, instalándose fuera de su perímetro de autoridad.

Para paliar esta ineficacia y coordinar la lucha, el Papa Gregorio IX (1227-1241) publica en 1231 dos documentos pontificios fundacionales: la bula *Ille humani generis* y *Excommunicamus*. Este decreto sustituye las modalidades inquisitoriales anteriores e instaura la Inquisición, que, de paso, se otorga una I mayúscula. Se trata, en realidad, de un tribunal pensado por los papas para luchar contra la herejía realizando «investigaciones».

A partir de ahora, no son ya los obispos los encargados de velar por la ortodoxia de los fieles, sino los Inquisidores que dependen directamente de la autoridad del papado, que les confiere su legitimidad y sus poderes. Éstos dependen casi exclusivamente de dos órdenes mendicantes, los dominicos y los franciscanos, con reputación de eruditos en materia de teología y lejos de toda sospecha en términos de ambición personal.

La nueva institución abarca, en un primer momento, Alemania y Aragón (una región española) y después se extiende pronto a Europa, principalmente a Francia, Italia y a España entera. Cada tribunal está constituido por dos Inquisidores de la fe, en un estricto pie de igualdad, que disponen de un personal de apoyo (asistentes, clérigos, notarios, escribanos y carceleros) y reciben la ayuda de las autoridades seculares, civiles y de la policía. Por el modo en que son nombrados, los Inquisidores son muy poderosos.

EL RECURSO A LA FUERZA

La búsqueda de herejes se hace de dos formas. Los Inquisidores establecen su cuartel general en una localidad y comienzan por ordenar a los herejes que se presenten por propia voluntad. Cuando no lo hacen voluntariamente, se emplea la fuerza, es decir se sale a cazarlos: se les envía una citación, entregada en mano por su propio cura. En el caso de que, a pesar de todo, no se presenten, la policía inquisitorial va a buscarlos.

Para batir el terreno de cerca, puede ocurrir que el tribuno decida ir al encuentro de los herejes. Realiza un circuito y se instala, por un tiempo determinado que puede ser de varias semanas o de varios meses, en una región o en una localidad en particular. Pero existen también los tribunales sedentarios. Son los más numerosos, disponen de una sede fija, designada con el nombre falsamente tranquilizador e infantil de «casa de la Inquisición». Es ahí donde residen los jueces inquisidores y sus acólitos. De esta forma, la mayoría de un territorio puede ser ampliamente cubierto ya que la Inquisición cuenta con antenas de información por todos sitios.

Cuando un proceso se inicia con la investigación, el tribunal o realiza una investigación general o recurre a la citación individual. En el primer caso, es la población entera de una región, tanto hombres como mujeres, a la que se convoca. Y por otra parte, los fieles sospechosos de tener relaciones con los herejes son ¡perseguidos por este hecho! En el segundo caso, cuando un individuo en particular es acusado, es el cura quien está encargado de avisarle. El rechazo del interesado a comparecer le lleva inmediatamente a la excomunión.

Cuando un sospechoso es interrogado, se le emplaza a que jure que va a revelar todo lo que sabe sobre la herejía. Esta obligación se aplica a él mismo (de tal forma que se convierte en su propio acusador al hacer el juramento) y, más ampliamente a todos los demás (lo que le convierte *de facto* en un delator potencial, en la medida en que puede encontrar así un medio de salvarse del castigo). En la elección de testigos, está claro que el Inquisidor no se muestra riguroso en exceso: falsos testigos y delatores encuentran en él un oído atento. Todos aquellos que serían rechazados por cualquier otro tribunal, como ladrones, prostitutas, personas de mala vida, de moralidad dudosa, perjuros e incluso excomulgados se aceptan como fiables...

Como cuenta Voltaire: «Se encarcela por la simple denuncia de las personas más infames, un hijo puede denunciar a su padre, una mujer a su marido, nunca se confrontan acusado y acusador, los bienes son confiscados en beneficio de los jueces: es así es como se ha comportado la Inquisición al menos hasta nuestros días. Hay algo en ello de divino, porque es incomprensible que los hombres hayan sufrido esto pacientemente...».

Las sesiones solemnes comienzan con una prédica del Inquisidor. Sigue un interrogatorio de los inculpados, destinado a obtener la confesión de los culpables. El fin de todo proceso es una ceremonia pública en la que son pronunciadas las penas y las condenas. Las sentencias son promulgadas en un sermón público. Esta ceremonia lleva el nombre de *sermo generalis* o auto de fe. Los condenados al suplicio del fuego son solemnemente compelidos a hacer un acto de fe para merecer su salvación en el otro mundo.

Torquemada, Inquisidor y verdugo

La Inquisición, como todos los periodos negros de la historia, pudo funcionar basándose en batallones de colaboradores anónimos, «soldados rasos» cuyos vergonzosos nombres han sido olvidados por la posteridad. Algunos se distinguieron particularmente, por la intensidad y por el fanatismo de su actividad, mostrando una crueldad indigna y siendo culpables, en nombre de la fe, de verdaderas masacres, que a penas se pueden medir o incluso imaginar.

Si hay que citar a alguno, el más emblemático sería sin duda un español, Tomás de Torquemada (1420-1498). Este dominico comienza su larga carrera en calidad de prior de un convento de Segovia. En 1482, se ve elegido como Inquisidor de la fe y es rápidamente promovido al rango de Inquisidor general para el conjunto de la Península Ibérica. Se le debe la creación de cuatro tribunales subalternos (Sevilla, Córdoba, Jaén y Toledo) y la publicación de una *Instrucción* (1484) que sirve de base al derecho propio de la Inquisición española.

En 17 años de actividad, puede enorgullecerse de 114.431 condenas a penas graves (lo que permite pensar que ha pronunciado también penas menores): 10.220 quemados vivos; 6.840 estrangulados y quemados; 65.271 ajusticiados y muertos en prisión; 12.340 ahorcados y 19.760 condenados a galeras a perpetuidad.

Sólo hay una cosa que no se le puede reprochar: haber cedido a la tentación del lujo y del enriquecimiento personal. Este verdugo permaneció fiel a sus votos iniciales y al rigor monacal propio de su orden. Si bien no hizo uso de los bienes confiscados para sus necesidades personales, es cierto que el montante de confiscaciones sistemáticas efectuadas sobre las posesiones de las legiones de condenados suman cantidades fantásticas. Como buen cristiano que era (sin tener en cuenta los actos bárbaros de los que es culpable en nombre de la fe...) las dedicó integral y escrupulosamente a la fundación, mantenimiento o renovación de edificios religiosos o las destinó, bajo la forma de donaciones ¡a obras de caridad!

El poder de la tortura

Los derechos de los acusados son casi inexistentes. Éstos se ven sometidos a un número de cargos que pesan sobre ellos, información que no prejuzga en nada la equidad del proceso. Equidad del todo improbable cuando el juez mismo tiene derecho a investigar, lo que le convierte en juez y parte. No se informa a los comparecientes de la identidad de los testigos de cargo y, a menudo, se les niega la asistencia de un abogado o consejero, el cual, según las tesis en vigor ¡sería considerado por su parte como un defensor de la herejía!

Para incitar a los menos locuaces a hablar se recurre a la encarcelación e incluso, a partir de 1252 a las preguntas y a la tortura, un método particularmente adecuado para la obtención de confesiones. Ésta se aprueba oficialmente por el Papa Inocencio IV en su bula *Ad Extirpenda*. Su pontificado (1243-1254) es el peor ejemplo de la teocracia. Un procedimiento tal constituye la transgresión de un interdicto que merece ser señalado porque hasta este momento era totalmente ajeno a la tradición del derecho canónico. Hay una reserva, que ilustra bien la hipocresía de los papas de esta época: los miembros no deben ser mutilados de manera definitiva porque hay que preservar la integridad del cuerpo, precaución cuando menos lógica ya que, según la fe católica, está llamado a resucitar.

Las penas infligidas no son las mismas en función del comportamiento de los sospechosos. Los que acaban confesando y reconociendo su herejía (y de paso, sin duda, denunciando a más implicados) sufren penas menos pesadas que aquellos a los que hace falta buscar y perseguir. Para estos últimos, las sanciones son más severas y bastan dos testimonios de cargo, llamados pruebas testimoniales, para establecer la culpabilidad (testimonios de los cuales ya hemos visto su fiabilidad y su validez).

El arsenal de sanciones a que se está expuesto varía en función de la gravedad de los hechos. Para las faltas más venales, no se trata propiamente de penas. Sería más justo emplear el término, prestado por el vocabulario religioso, de penitencias. Son llamadas, por otra parte, «penitencias arbitrarias», lo que dice mucho sobre los criterios según los cuales son pronunciadas. Las penitencias arbitrarias se infligen sólo a los que se presentan ante el tribunal en los plazos otorgados, es decir, durante «el periodo de gracia». Lo que, por otra parte, no significa de ninguna manera que el condenado sea perdonado. El abanico es el siguiente: fustigación durante la misa, flagelación pública, visita obligatoria a las iglesias, peregrinajes impuestos, mantenimiento de un pobre, llevar la cruz cosida a las vestimentas, etc.

El tribunal posee una capacidad total de modular las penas a su voluntad.

Cuando se pronuncia la pena de prisión perpetua, ésta puede ser reducida por el todopoderoso inquisidor. Es interesante observar que la prisión, prácticamente desconocida en esta época, es un nuevo útil de represión del que se dotan los tribunales de la Inquisición. Se puede encarcelar de dos maneras: en una especie de celda comunitaria o en una celda en solitario. Los condenados a las penas más severas ven su sanción acompañada de la confiscación total de todos sus bienes (que es el caso más corriente) o parcial. Las sumas así obtenidas se asignan a la autoridad encargada del funcionamiento de la institución y cubren los gastos bastante onerosos. Esto explica la propensión de los inquisidores a prender a los más ricos para alimentar la maquinaria.

JUZGAR A LOS MUERTOS...

Los perseguidos son los apóstatas, relapsos y otros herejes obstinados. Los apóstatas (los que abjuran de la fe cristiana, los padres o religiosos que renuncian a sus votos abandonando el estado sacerdotal), los relapsos

129

(especie de reincidentes que recaen en la herejía después de haber renunciado a ella) y los herejes por opinión, son objeto de un tratamiento especial. Son los que sufren las mayores penas. Se les viste con el sambenito (nombre proveniente de San Benito, es una vestimenta que recuerda a la de los benedictinos), una túnica de infamia o casaca de color amarillo, llevada por encima del hábito. Son entregados a la autoridad secular, que les conducen a la hoguera. Hay que señalar que Juana de Arco fue quemada viva como relapsa en Rouen el 30 de mayo de 1431.

Una persona declarada inocente puede comparecer de nuevo, ya que la noción de *desestimación* no estaba entonces en vigor. En todo momento, la Inquisición se arroga así el derecho de reabrir el dossier de un absuelto. El hecho de que un sospechoso haya sido, en un primer momento, declarado inocente de los hechos de herejía de los que se le acusaba no le garantiza en nada una impunidad definitiva. Un mismo acusado puede ser citado de nuevo a comparecer por los mismos hechos y verse, durante esta segunda sesión, declarado culpable y condenado.

No contentos con perseguir a los vivos, se juzga incluso a los cadáveres, a los que se exhuma y se quema. Sería erróneo creer que la muerte de un hereje levanta toda sospecha sobre él y supone la extinción o el abandono de la persecución. El *de cujus*, reconocido culpable de herejía *post mortem*, podía ver su cadáver condenado a ser quemado a título póstumo.

Después de un periodo de apogeo durante el siglo XIII, la Inquisición, bajo su forma más virulenta cae poco a poco en desuso en la Francia del siglo XV (sin desaparecer totalmente), por el contrario en España conoce, en esta época, su paroxismo bajo los Reyes Católicos, Fernando II e Isabel de Castilla y será poderosa hasta el siglo XVIII. Instaurada en nombre de la defensa de la verdad y de la preservación de la fe cristiana, la Inquisición es sobretodo una desnaturalización y una perversión. A la erradicación de las disidencias religiosas, se añade una dimensión política y social al servicio de los poderosos.

BERNINI, MAESTRO DE LA ILUSIÓN

Artista oficial del Vaticano en el siglo XVII, Bernini es también el maestro del arte barroco. La aparente simplicidad de su arte es engañosa: cada una de sus obras esconde una simbología que evoca un universo a la vez místico y pagano, donde la muerte es omnipresente. Arquitecto, escultor y pintor, Bernini fue un hombre completo a la manera de Leonardo da Vinci.

De talla mediana, piel más bien mate, cabellos castaños, ojos de águila, bigote, una perilla cuidadosamente recortada, ojos vivos y penetrantes bajo espesas cejas: es así como Bernini aparece ante sus contemporáneos. Un hombre con un aire feroz que se corresponde a su carácter colérico y fogoso. Acostumbrado a ser obedecido, es el artista romano por excelencia, aquel que, por sí mismo, encarna a la vez el arte oficial del catolicismo y la supremacía pontificia.

Es, sin duda, el último artista que puede reivindicar la estirpe de figuras excepcionales del arte italiano, de Leonardo da Vinci a Miguel Ángel. Arquitecto y escultor, posee el talento que impulsará a los papas a confiarle numerosas obras hasta el punto de que su nombre llegará a simbolizar la Roma barroca. En *Ángeles y Demonios*, Bernini tiene un papel clave ya que sus obras son indicios que el artista habría dejado en el camino de la iluminación. Al situar en escena a un romano en Roma, y en particular en la decoración de la Roma barroca, Dan Brown no podía prescindir de este maestro.

Nacido en 1598, ve la luz en una familia de artistas. Su padre, Pietro Bernini, se establece en Nápoles donde esculpe estatuas para las iglesias locales. El hombre está dotado, pero es demasiado superficial para dar realmente toda la medida de su talento y es más un honesto artesano que un artista inventivo. Sin embargo, tiene una manera propia de tratar sus obras ya que reintroduce el color en las esculturas, creando así una atmósfera comparable a la de las pinturas. Es interesante porque rompe las fronteras tradicionales entre las artes, lo que marcará profundamente a su hijo. Por su parte, el joven Gian Lorenzo llevará este principio de mezcla entre las artes a su paroxismo. Su éxito precoz llegará precisamente por esto, ya que hará de la escultura un elemento arquitectónico, creando así la «ilusión barroca».

Ingresa muy joven en el taller de su padre donde aprende el oficio a una velocidad asombrosa. Éste estimula el talento de Gian Lorenzo sin sentirse resentido por ello. Desde su adolescencia, Bernini se especializa en imágenes con *putti*, tan queridos por los escultores florentinos, y los ángeles son objeto de su predilección, tal como afirma Dan Brown en su novela. Dibujos y esculturas revelan rápidamente una precocidad sorprendente. Una cabeza de San Pablo, dibujada en presencia de Pablo V, impulsa al Papa a pedir al cardenal Maffo Barberini que supervise la educación del muchacho. Es así como Barberini, que no es todavía papa, se convierte a la vez en amigo y mentor de Bernini. Es bajo su Pontificado que realizará sus obras más admirables. A los 19 años, Bernini atrae ya las miradas y es considerado como un prodigio.

AL SERVICIO DE LA DIPLOMACIA PONTIFICIA

Desde el principio son sus esculturas lo que le dan la reputación, sobre todo la *Salida de Troya*,

Retrato de Bernini

su primera obra mayor, encargada por el cardenal Escipión Borghese. De todas formas, hasta los 25 años, como todos los jóvenes dotados y ambiciosos, se ocupa de dominar su oficio y sobre todo de liberarse de la tutela paterna apropiándose de la dirección del taller familiar. Como Miguel Ángel, alterna sujetos paganos e iconografía cristiana en sus obras de juventud, manifestando la necesidad de mostrar que es capaz de abordar la escultura religiosa de manera tan escrupulosa y novedosa como las imágenes profanas.

A la llegada de Urbano VIII, abandona prácticamente todos los sujetos paganos para consagrarse al arte religioso. Hay que señalar que estamos en pleno periodo de la Contrarreforma y que el Papa dirige una ambiciosa política de conversión. Piensa que es gracias al arte presente por todas las calles de Roma y accesible a todo el mundo por lo que el catolicismo puede impresionar a las almas. Bernini es en esta época un artista totalmente católico, respetuoso de la doctrina y que, además, es amigo del Papa. Es del todo inimaginable, por tanto, que Bernini haya podido pertenecer a una orden secreta (Iluminados u otra) que tuviera como objetivo destruir la cristiandad o luchar contra la autoridad papal: esta afirmación, presentada como una verdad en *Ángeles y Demonios*, no se aguanta a la luz del examen histórico.

Es más: el escultor es una verdadera pieza de la diplomacia pontificia. En efecto, mientras que el protestantismo se extiende por Europa, Urbano VIII intenta convencer a los monarcas de que permanezcan en la Iglesia Católica. Con este fin, encarga a Bernini que realice retratos elogiosos de los reyes. El Papa hace así llegar al Rey de Inglaterra, Carlos I, un busto esculpido representándolo con su mejor aspecto. El Rey, satisfecho, habría enviado un anillo de diamantes a Bernini con este mensaje: «Coronad la mano que ha hecho una obra tan bella». Este busto marca el momento en que la reputación del escultor se convierte en mundial. Rápidamente, los encargos se amontonan: Bernini esculpe un retrato de Luis XIV (por el cual recibe una miniatura del Rey Sol rodeado de trece grandes diamantes), de Mazarino o de Richelieu. Su arte es tan apreciado que se considera un símbolo de poder y de grandeza. En los retratos oficiales, rompe con el hieratismo tradicional introduciendo el movimiento, la expresión y los juegos de sombras y luces sin tener en cuenta la dignidad del personaje. El mármol está tan maravillosamente trabajado que parece de carne. Crea retratos perfectamente reconocibles dotándoles de una gran dulzura.

UN «HOMBRE UNIVERSAL» COMO LEONARDO

Cuando Urbano VIII le confía la renovación de la Iglesia de San Bibiano, la vida de Bernini da un giro decisivo. Este encargo constituye un verdadero disparador y el artista consagra sus energías a la arquitectura. Como el «hombre universal» deseado por Leonardo da Vinci, después de esta fecha, Bernini se encargará tanto de obras arquitectónicas como de esculturas, hasta la culminación de su carrera en 1629, cuando se ocupa de la obra más prestigiosa del mundo occidental: San Pedro, donde realizará principalmente la espléndida columnata exterior que encierra la basílica en una elipse abierta como en un joyero dejando una apertura a la ciudad y al mundo.

La actividad desbordante de Bernini sobrepasa los límites tradicionales de la arquitectura y engloba el urbanismo, los juegos de agua, los arreglos interiores, las decoraciones teatrales y otros ornamentos. A través de todas sus obras, Bernini quiere superar un desafío: hacer la escultura, que no tiene colores, tan convincente como la pintura. Se emplea en ello con toda la fuerza de su talento y concibe, por ello, edificios que provocan la sorpresa y el asombro del espectador, que se siente envuelto en un decorado teatral. La gran fuerza de Bernini es conseguir experimentar sensualmente los monumentos que crea o restaura. En sus esculturas, adopta el mismo principio, pero a la inversa: las realiza como arquitectura, como decorados. Y funciona, porque el espectador tiene la impresión de ser parte de la escena y de que, en cualquier momento, los personajes de mármol pueden cobrar vida.

Bernini es un maestro del arte de la ilusión. A comienzos de su carrera, como si acabase de descubrir un juguete, utiliza el *trompe-l'oeil*, como un niño que se divierte un poco gratuitamente. En sus obras tardías, por el contrario, busca sobre todo, gracias a su arte de la ilusión, expresar su fe íntima en una forma particular de verdad religiosa. Contrariamente lo que sugiere Dan Brown en *Ángeles y Demonios*, Bernini es un hombre profundamente marcado por la religión. Va todos los domingos a misa a la Iglesia del Gesu en Roma donde ofician los jesuitas, unas de las lanzas de hierro de la Contrarreforma católica.

Es así un hombre que forma parte de la institución, un notable de Roma cortejado por los más grandes. Es conocido por su ambición implacable y por su afán de apartar a sus competidores, algunos de los cuales lo encuentran malvado y rastrero. Su reputación, que hace de él un hombre sanguíneo y colérico, no es infundada. En 1638, al descubrir la relación entre su hermano menor y su amante, Constanza, golpea a Luigi con un sacaclavos, y casi lo mata. Poco después, convence a una sirviente para que desfigure de un golpe a la bella infiel. A pesar de esta venganza, Bernini loco de ira, con la espada en la mano, persigue a Luigi que encuentra refugio en una iglesia. Su amigo y protector Urbano VIII aconseja a Bernini sentar la cabeza y casarse lo que, teniendo en cuenta su éxito, no le es difícil. Se casa con una de la más bellas jóvenes de Roma, 20 años más joven que él.

OBSESIONADO POR LA MUERTE

Desde entonces se hace más sabio, menos apasionado y, a medida que avanza en edad, el artista se obsesiona por la muerte, consumido por la angustia. Este rasgo de su carácter se halla muy visible en algunas de sus obras más sorprendentes y misteriosas. Bernini representa a la muerte con regularidad, mezclando realismo y miedo. Si el artista está en este momento obsesionado por esta perspectiva, la muerte está omnipresente en esta época traumatizada por las guerras, las epidemias y en que la medicina está todavía dando sus primeros pasos. Esta proximidad a la muerte hace muy presente la cuestión del «bien morir». Bernini tiene la costumbre de decir que la muerte «es un pasaje difícil para todo el mundo porque es algo nuevo para todos». En consecuencia, ¡se prepara para esta prueba aparentando pasar a mejor vida!

Es en las esculturas que realiza para las grandes familias romanas donde esta angustia es más perceptible. Comenzando con la tumba del Papa Urbano VIII. Maffeo Barberini había sido elegido hacía cuatro años y se preparaba a festejar su sesenta cumpleaños cuando encarga edificar un monumento funerario que pueda rivalizar con los de sus ilustres predecesores. La empresa dura 20 años. La tumba ocupa un inmenso nicho, al lado de la capilla de San Pedro: una estatua de bronce del Papa bendiciendo *urbi et orbi*, enmarcada por las alegorías de la Justicia y la Caridad. La representación, aunque la escultura del papa es monumental, puede calificarse como clásica. Aún así Bernini demuestra su originalidad. Encima del sarcófago una personificación de la muerte ocupa la mitad de la composición. Un esqueleto alado, envuelto en una mortaja que probablemente simboliza al difunto, surge del sarcófago y lee una inscripción latina. Utiliza un hueso como estilete, como para poner un punto y final al pontificado de Urbano VIII. La imagen de la muerte se convierte, por tanto, en un participante muy activo, una invención brillante característica de Bernini y muy representativa del arte barroco.

Algunos años más tarde, Bernini recibe otro encargo para la tumba de Alejandro VII. Este Papa es, después de Urbano VIII, el otro gran mecenas del artista. Para él, esculpe y pone en escena una tumba suntuosa que pasa por ser una de la más bellas realizaciones de su carrera y con seguridad una de las cumbres del arte funerario barroco. Emergiendo de la mortaja del Papa, un brazo de la Muerte blande un sable simbolizando el término de la vida de Alejandro VII. Bernini decide colocar una segunda figuración de la Muerte, cuyas alas evocan la huida del tiempo. El esqueleto, inquietante por su naturalismo, se escapa verdaderamente por la puerta de la sacristía o ¿forma parte de la visión celestial desarrollada encima? La alegoría, la ficción y la fe se reúnen en esta creación.

AMISTADES EN DESGRACIA

Bernini, como se ha visto, mantiene con los papas unas relaciones de mecenas/artista, pero también va más allá. Para algunos (principalmente para Urbano VIII y Alejandro VII) es un confidente, un amigo, alguien próximo que no duda en hacerse respetar y en lanzar improperios insolentes a su mecenas. Un grado tal de familiaridad, de proximidad, con personas de alto rango muestra que el éxito de Bernini le había situado por encima de la condición social de simple artista. Maffeo Barberini (Urbano VIII) considera a Bernini como un «hombre raro, genio sublime, nacido de la voluntad de Dios para la gloria de Roma y para la luz que debe aportar a este siglo». Una profunda amistad surge rápidamente entre ambos hombres. Bajo el pontificado de Urbano VIII, el escultor crea ya conjuntos mitológicos sospechosos de desvergüenza pagana, lo que tiene una cierta gravedad en medio de una época que busca hacer renacer el fervor religioso católico y la fe entre los fieles.

Cuando Inocencio X sucede a Urbano VIII, Bernini pierde algunas de sus prerrogativas durante su pontificado. No tiene, por ejemplo, el monopolio de los retratos pontificios. En efecto, el nuevo Papa, miembro en la familia de los Pamphili, adversaria de los Barberini, acusa a su predecesor de haber gastado sin consideración el dinero de la Iglesia y la emprende contra Bernini, uno de los principales beneficiarios de su ligereza. Otro asunto viene además a ensombrecer el horizonte del artista con el «escándalo del campanario de San Pedro». Un riesgo serio de·derrumbe obliga a demoler uno de los dos campanarios que había comenzado a erigir en los extremos de la fachada. Incluso cuando una investigación demuestra finalmente que Bernini no tiene culpa, este asunto se convierte en el pretexto de sus enemigos (numerosos como siempre que se triunfa) para iniciar una campaña de desprestigio sistemático. El otro gran arquitecto de la Roma barroca, Borromini, lo aprovecha para situarse junto al Papa calumniando a su mayor adversario, al que detesta cordialmente.

Pero Bernini tiene demasiado talento para ser ignorado por mucho tiempo. Y cuando el Papa quiere edificar, en el centro de la Piazza Novona, delante de la Iglesia del Santo Ángel y justo al lado de su palacio familiar, una fuente, convoca un concurso en el que participan todos los escultores y arquitectos de la ciudad. ¿Todos? No en realidad: Bernini es excluido por la autoridad debido a su antipatía con el Papa. Pero el artista se huele el asunto y consigue, sin embargo, presentar una maqueta de la fuente bañada en plata. Muy impresionado por la belleza del proyecto, el Papa murmura: «Para evitar ejecutar estos proyectos, haría falta no haberlos visto». Y es así como Inocencio X, obligado a reconocer el inmenso talento de Bernini, le confía la realización de la *Fuente de los cuatro ríos,* una de las piezas emblemáticas del artista. ¡La fuente monumental y soberbia tiene un éxito inmenso entre los romanos y Bernini recupera el olor a santidad!

Bernini, ¿miembro de la Orden de los Muertos?

La obsesión por la muerte que demuestra Bernini se traduce en las obras del artistas en las que aparece la figura de un esqueleto o la iconografía de la huida del tiempo. Pero está comprobado que esta obsesión se tradujo también de otra forma, más concreta, en la vida del artista.

Algunas realizaciones funerarias, como un grupo escultórico con un ataúd de verdad, permiten pensar en efecto, que Bernini tenía contactos con una de las compañías *della morte.* Se trataba de cofradías destinadas a la realización de ritos funerarios, activas desde hacía mucho tiempo en Italia, y cuya organización secreta presenta analogías con las órdenes esotéricas.

Por otra parte, Bernini aspira de tal forma a superar su último viaje que asiste asiduamente, durante cuarenta años, a los servicios celebrados con este fin por los hermanos jesuitas en Roma. Comulga así dos veces por semana durante los cultos del «bien morir» en el Gesu y se convierte en miembro incluso de un grupo de jesuitas cuya vocación es administrar los últimos sacramentos. Es evidente que Bernini alimenta un cierto interés por los misterios, pero ante todo por los misterios religiosos. El hombre se adscribe al catolicismo en una época y en una ciudad donde el mínimo fallo puede costar, en el mejor de los casos, años de prisión y, en el peor, la muerte. Teniendo en cuenta su posición social, su carácter y su educación, es innegable que Bernini no conspiró contra la Iglesia, al contrario de lo que se afirma en *Ángeles y Demonios*.

La espiritualidad de Bernini no hace más que aumentar con la edad y se manifiesta principalmente en una serie de dibujos de San Jerónimo, representado anciano y sabio.

Con el Papa siguiente, Alejandro VII, miembro de la familia Chigi, Bernini recupera su lugar junto al Soberano Pontífice. Como con Urbano VII, mantiene una relación de amistad con el nuevo Papa, que le manifiesta numerosas muestras de afecto, le anima en todos sus proyectos y quiere tenerle junto a él a diario entre los eruditos que honran su mesa. Ingenuo e inconsciente en materias financieras, Alejandro VII se apasiona por la arquitectura y la escultura de su tiempo, mucho más que por la pintura. Es él quien encarga a Bernini concebir la explanada de San Pedro que todavía hoy acoge a la masa de fieles los días de la bendición papal.

Algunos años más tarde, Inocencio XI, sucesor del Papa Chigi, debe enfrentarse a una crisis financiera y reduce los gastos del palacio pontificio. Todo el mundo paga le precio con la excepción... de Bernini. El maestro es mayor pero continúa trabajando. No es sin embargo por sus obras futuras por lo que el Papa preserva el tratamiento al artista, sino por lo que representa.

A pesar de su temperamento impetuoso y los enemigos que ha podido crearse, la muerte de Bernini da lugar a un funeral majestuoso en la Basílica de Santa María la Mayor. Los eruditos emplean todo su talento en redactar su elogio fúnebre. El artista es honrado por los nobles de Europa entera, por sus iguales y por los mejores intelectuales. El hombre que había trabajado al servicio de la grandeza de la Iglesia Católica toda su vida y que había marcado la ciudad de Roma (que aún hoy muestra por todos sitios su firma), acababa de morir.

El artista, por su parte, es eterno.

Parte IV

Los misterios de Roma

Tras el rastro de Robert Langdon

Los monumentos de Roma donde se desarrolla la acción de Ángeles y Demonios son edificios repletos de una simbología a veces difícil de descifrar en el siglo XXI. Entre paganismo y catolicismo, entre legendas y realidad histórica, es necesario hacerse guiar por los ángeles y los obeliscos para encontrar la verdad...

La Piazza de la Rotonda y el Panteón

Es en esta céntrica plaza de Roma, una de las más bellas, donde la carrera contrarreloj comienza para los héroes de la novela. Langdon cree que es aquí donde va a ser asesinado el primer cardenal. El enigma que descifra Langdon en el manuscrito de Galileo que encuentra en los Archivos Secretos del Vaticano le lleva a pensar, en efecto, que la primera muerte será en la iglesia donde se encuentra la tumba de Rafael. El Panteón, cuyas columnas majestuosas y monumentales se abren sobre la plaza, se convirtió en iglesia y conserva, efectivamente, la tumba del célebre pintor del Renacimiento.

En realidad, Langdon se equivoca y no es aquí donde se cometerá el primer asesinato, pero poco importa, ya que es lo que proporciona la ocasión a Dan Brown para realizar una descripción pintoresca de una plaza siempre muy animada, donde a los romanos y a los turistas les gusta ir a degustar uno de los mejores *espresso* de la ciudad, en casa De Rienzo o en la Tazza di Oro. Pero no es por azar ni por puro placer novelesco que el escritor lleve a sus héroes a este lugar. El Panteón es un lugar cargado de historia y de misterios. Hay un obelisco en mitad de la plaza, sobre una bonita fuente realizada por el artista Giacomo della Porta a finales del siglo XVI. El obelisco es descrito por Langdon como un símbolo pagano. Lo que es un error: estos obeliscos traídos desde Egipto por los antiguos emperadores fueron diseminados por Roma por el Papa Sixto V, a quien no se puede acusar de herejía ni de ateismo en los años 1580.

Por el contrario, Robert Langdon tiene razón cuando evoca los orígenes paganos y esotéricos del propio Panteón. Este monumento, edificado

Plaza de la Rotonda

en los años 20 antes de Cristo por Agripa, fue reconstruido casi totalmente y su arquitectura rediseñada por el emperador Adriano. Con éste último, el Panteón se convierte en un lugar sorprendente, exclusivamente compuesto por formas geométricas perfectas e imbricadas, una mezcla de esferas, cilindros y cuadrados. Lo que también sorprende es el agujero de 9 metros en el centro de la cúpula (una proeza técnica en la época) que deja entrar la luz y que constituía para Adriano una bóveda celeste que le permitía admirar las estrellas y leer el mapa del cielo. Este *oculus* le ha valido al edificio, como dice Robert Langdon, el sobrenombre poco utilizado de «Casa del Diablo» ya que se puede imaginar a los demonios entrando por este agujero. En su origen, el Panteón no sólo servía como lugar de observación astronómica del emperador Adriano, aficionado a las ciencias y a las artes, también era un templo, como atestigua el pórtico de ocho columnas, donde se veneraba a los dioses romanos Marte y Venus. En la antigüedad, el edificio tenía una función a mitad de camino entre religiosa y simbólica: a la vez templo y representación geométrica del universo y el cosmos, punto de comunión entre los diferentes elementos. La terminología todavía empleada hoy día para designar el lugar hace referencia, por otra parte, al culto pagano: el Panteón es el «templo de todos los dioses». «Por toda Italia, el catolicismo es heredero del paganismo, pero el Panteón es el único templo de la antigüedad en Roma que ha sido conservado entero, el único donde se puede contemplar en su conjunto la belleza de la arquitectura de los antiguos y el carácter particular de su culto», escribe Madame de Staël en *Corinne*.

Interior del Panteón

Algunos siglos más tarde, el Panteón se convierte en iglesia, lo que de ninguna manera impide a Urbano VIII retirar las placas de bronce que adornan las gigantescas puertas de entrada, y hacerlas fundir luego para ¡encargar a Bernini que las use como material antiguo para esculpir el baldaquino que recubre el altar papal en la Basílica de San Pedro! Desde entonces, el Panteón acoge, además de la tumba de Rafael, las de los reyes de Italia Humberto I y Vitorrio Enmanuele II y también la del pintor Annibale Carrache.

La Piazza del Popolo y la Iglesia de Santa María

Después de haber ido al Panteón, Robert Langdon y Vittoria Vetra se dirigen a la Piazza del Popolo y entran en la iglesia de Santa María, lugar del asesinato del primer de los cuatro *preferitti*, el cardenal Ebner de Frankfurt. El drama se desarrolla en una de las múltiples capillas laterales de la iglesia, la capilla Chigi, edificada por Rafael en 1513 por encargo de Agostino Chigi. El gran artista del renacimiento muestra aquí sus cualidades como arquitecto y como pintor. Concibe una cúpula bajo la cual imagina mosaicos que representan a Dios Padre rodeado de los símbolos del Sol y de otros siete planetas en la posición en que se encontraban en la fecha del nacimiento de Agostino.

Algo de lo que sorprenderse: encontrar, en un lugar cristiano, una representación totalmente pagana sin que nadie se opusiera en una época sin embargo muy quisquillosa para estas cosas... Y la sorpresa no hace más que comenzar ya que la capilla acoge dos tumbas (la de Agostino Chigi y la de su hermano Sigismondo) que no se parecen a lo que se hacía entonces como esculturas funerarias: las dos tumbas se componen de sarcófagos coronados por dos grandes pirámides de mármol. Si bien los objetos son curiosos, no indican de ninguna forma la presencia de los Illuminati y por una simple razón: en el siglo XVI (época de Rafael) y en el siglo XVII (época de Bernini), la orden secreta aún no existía.

Más de un siglo después de la construcción de esta capilla, Fabio Chigi, convertido en Papa bajo el nombre de Alejandro VII, encargará a Bernini terminar la obra. El artista barroco demostrará una vez más su talento al imaginar unos medallones situados sobre las pirámides y que representan a Agostino y a Sigismondo, con una expresión llena de vida en la cara. Añadirá igualmente en el suelo un esqueleto alado con el blasón de los Chigi, retomando así el tema de la muerte que le obsesiona en casi todas sus obras.

Por último, Bernini esculpirá dos obras que colocará en dos nichos opuestos, una de las estatuas representa la historia de Daniel y del profeta Habacuc. Cuando el rey de Babilonia le arroja a la jaula de los leones, un ángel enviado por Dios ayuda al profeta Habacuc a llevar comida a Daniel. El ángel agarra al profeta por el caballo y le lleva milagrosamente hasta Daniel, a quien salva. Robert Langdon ve en esta estatua el signo de la presencia de los Illuminatti, ya que Habacuc es un profeta que predice el fin del mundo y su destrucción. Pero hay

La capilla Ghigi

otra forma de leer este episodio que se corresponde en principio con la realidad. Desde siempre, esta historia es emblemática: Daniel representa al Cristo sufriente y en peligro, mientras que el ángel y Habacuc simbolizan la intervención divina. Y es esto precisamente lo que Bernini ha querido representar en la capilla Ghigi, ya que en esta época, en plena Contrarreforma, la Iglesia Católica es la que está en peligro, amenazada por el protestantismo. El Papa Alejandro VII, que debe hacer aplicar las decisiones del Concilio de Trento, era ciertamente muy sensible a esta cuestión y es por esta razón por la que hace un encargo sobre este tema a Bernini.

La Piazza del Popolo rehabilitada por encargo de Alejandro VII

La Iglesia de Santa María, según la leyenda popular, habría sido construida sobre la tumba de Nerón, el emperador deshonrado por haber
incendiado Roma durante su reinado. La creencia dice también que un
nogal poseído por el alma de Nerón había crecido sobre la escultura. En
el siglo XI, el Papa Pascual II hizo arrancar el árbol y levantar en su lugar
una capilla, destruida más tarde y reemplazada por la iglesia actual del
siglo XV. Santa María del Popolo se encuentra en una de las plazas más
grandes de Roma, la Piazza del Popolo, que marca la entrada al centro de
la ciudad por una gran puerta, especie de arco de triunfo erigido por
Bernini para honrar la llegada de la reina Cristina de Suecia en 1655. Esto
también es un encargo del Papa Alejandro VII que deseaba señalar con
magnificencia la conversión al catolicismo de la reina, en un país ganado
por el protestantismo y así, como decía el Papa, conmemorar la «revancha de la Iglesia contra la humillación de Westfalia». En el centro de la
plaza, se entronizó un monumental obelisco de Ramsés II, rodeado de
fuentes esculpidas con leones, instalada por Sixto V en 1589.

LA PLAZA DE SAN PEDRO Y SU OBELISCO

En su carrera contra el Hassassin, Robert Langdon y Vittoria Vetra se dirigen después a la Plaza de San Pedro. Es ahí donde se cometerá el segundo asesinato, el del cardenal Lamassé de París. Como los otros lugares del crimen, esta plaza también fue concebida por Bernini. El Papa Alejandro VII le confió la realización en 1656 con un pliego de condiciones muy simple: dar a la Basílica un aspecto aún más grandioso a fin de impresionar al máximo a los peregrinos. La idea era que la arquitectura ilustrara la supremacía de la Iglesia Católica «romana y universal».

Misión cumplida por Bernini: en diez años se terminó la plaza, tal y como se conoce hoy día. El artista construyó una columnata compuesta por cuatro filas de columnas coronadas por 140 estatuas de santos. Esta columnata forma dos brazos que encierran la plaza y la Basílica simbolizando el gesto de bienvenida de la Iglesia que engloba y protege a los fieles reunidos en la plaza y, más allá, a la humanidad entera.

Esta realización arquitectónica es la que confiere al lugar su majestad y su grandeza, ya que valoriza la Basílica que, por una ilusión óptica, parece más alta de lo que es en realidad. Pese a todo, el proyecto de Bernini no está del todo terminado, ya que inicialmente el arquitecto quería cerrar totalmente la columnata con un arco de triunfo, intentando crear así el efecto de sorpresa tan querido por el barroco. Cuando los peregrinos llegasen a la Plaza, se asombrarían al descubrir el inmenso espacio central y la gigantesca Basílica. Hoy, por el contrario, la Plaza está abierta sobre la Via della Conciliazione, y cierra la perspectiva hasta el Castillo del Santo Ángel o Sant'Angelo y el Tíber.

También aquí, como en casi todos los lugares de los asesinatos de cardenales en *Ángeles y Demonios*, se encuentra un obelisco en el centro de la Plaza. Originalmente, se situaba a la izquierda de la Basílica, colocado allí por el emperador Calígula en el año 37, en la época en que la colina del Vaticano era un circo para los juegos. Es el Papa Sixto V quien lo hizo desplazar en 1585 al centro de la plaza, en homenaje a las masacres de los primeros cristianos que habrían tenido lugar en este lugar. La idea del obelisco central no es, por tanto, de Bernini, pero el artista le dio su toque personal añadiendo dos fuentes a cada lado del monolito y haciendo en el pavimento, a los pies del obelisco, una decoración en mármol representando al viento del Oeste (el «Poniente») que en *Ángeles y Demonios* se convierte en el «soplo divino» que indica la entrada de la Basílica.

LA PLAZA BARBERINI Y LA IGLESIA DE SANTA MARINA DELLA VITORIA

Robert Langdon nos conduce después hacia otra plaza central de Roma, la Piazza Barberini, porque según dice, se elevaba en otra época un obelisco que habría sido reemplazado recientemente por la fuente que se puede admirar hoy en día. Se trata de un error del novelista, ya que la fuente esculpida por Bernini se encuentra allí desde el año 1643. Encargada por el Papa Urbano VIII a su artista favorito, está situada a unos pocos metros

La Piazza Barberini

del palacio Barberini, la residencia familiar del Papa. La escultura muestra cuatro delfines sosteniendo una concha en la cual se encuentra Tritón, el hijo de Poseidón, soplando en una caracola. Sobre la fuente, Bernini colocó también los blasones papales y los de los Barberini, rindiendo así un homenaje a su benefactor y amigo. La fuente simboliza el pontificado de Urbano VIII y el Tritón soplando en una caracola anuncia al mundo entero la gloria del Papa que morirá apenas un año después de la inauguración de la fuente. Como anécdota, señalar que está delante de un lujoso hotel romano, el Hotel Bernini. La ocasión era demasiado tentadora para el novelista y es en una de las suites de este establecimiento que existe en realidad, donde Dan Brown imagina la escena final del libro, cuando Robert Langdon y Vittoria Vetra se encuentran después de su aventura...

Es en esta plaza, explica Langdon, donde debe producirse el tercer asesinato, el del cardenal español Guidera, y más concretamente en la iglesia de Santa María della Vittoria. Es una grosera aproximación del novelista ya que esta iglesia no se encuentra en la Piazza Barberini, ¡sino a casi un kilómetro de distancia en la Via XX Settembre!

La flecha del Ángel

La estatua *El éxtasis de Santa Teresa* representa la mística española y un ángel sobre ella dirige una flecha en dirección a su corazón. En la novela de Dan Brown, es el ángel el que indica el paso siguiente de Robert Langdon y Vittoria Vertra para intentar evitar la muerte del cuarto cardenal. Basta seguir la dirección de la flecha del ángel para encontrar el lugar del próximo asesinato. La flecha indica claramente el noreste. Ahora bien, en la novela, Langdon afirma que señala hacia el oeste y traza una línea en esa dirección, ¡llega a la Piazza Navona, su obelisco y su iglesia de Santa Inés! Dan Brown es consciente de su error, ¡pero era necesario para el progreso de la novela!

Santa María de la Vittoria no suscitaría apenas la curiosidad de los visitantes, como explica Dan Brown, si no contuviese una obra mayor de

Bernini, a menudo considerada como uno de los tesoros de la escultura barroca. *El éxtasis de Santa Teresa* escenifica, en la capilla Cornaro, una de la visiones de la Santa de Ávila, tal y como la describe ella misma: «Un día, un ángel de una belleza inconmensurable se me apareció. Vi en su mano una larga flecha cuyo extremo parecía una punta de fuego. Me pareció que me golpeaba varias veces en el corazón, haciendo penetrar el fuego en mi interior. El dolor era tan real que grité varias veces. Y sin embargo, era tan dulce que yo no quería liberarme. Ninguna dicha terrestre puede dar

El ángel del Éxtasis de Santa Teresa

tanta satisfacción. Cuando el ángel retiró su flecha, permanecí allí, con un inmenso amor por Dios».

Y en efecto, Bernini transcribe en mármol un éxtasis tan preciso como lo había descrito la Santa: el deseo ardiente se lee en los labios de Santa Teresa, sus párpados medio cerrados expresan el dolor y la felicidad, y los brazos caídos, con una cierta lasitud post-éxtasis. Esta fidelidad del artista al relato produce una obra particularmente viva y de una sensualidad extrema. Hasta tal punto que *El éxtasis de Santa Teresa* fue a la vez la creación más alabada y la más criticada de Bernini. Los contemporáneos del artista encontraban la escultura muy conseguida y, en el contexto de la Contrarreforma, aparecía como un medio de mostrar el éxtasis místico al común de los mortales. No es hasta decenios más tarde que los críticos verán en ella una obra libertina, que tiene lugar en una iglesia no en la cámara de un palacio. Bernini tenía una clara predilección por la capilla Cornaro. Despliega en ella todo su genio de la puesta en escena, ilustrando así maravillosamente su voluntad de fusionar las artes, ya que la estatua de Santa Teresa está situada en un nicho bajo un altar, como sobre la escena de un teatro y que la familia Cornaro, esculpida sobre los muros adyacentes miran el espectáculo, como si fueran los espectadores.

LA PIAZZA NAVONA Y LA FONTANA DE LOS CUATRO RÍOS

El cuarto asesinato, el del cardenal italiano Baggia, tiene lugar en una de las plazas más turísticas, centrales y majestuosas de Roma: la Piazza Navona. Este vasto espacio oblongo ocupa el antiguo estadio de Domiciano que servía en el siglo I para los juegos acuáticos; la plaza actual conserva todavía la forma exacta. En 1645 el Papa Inocencio X, cuya familia (los Pamphili) poseían allí un palacio, decide remodelar el lugar. Hace reconstruir su palacio y la iglesia de Santa Inés y edificar la gran fuente central de los cuatro ríos.

Concebida una vez más por Bernini, debía obligatoriamente incluir el obelisco central que se encontraba ya allí. El artista tiene la idea de erigirla sobre una gruta rocosa como las que se pueden encontrar en las villas romanas. Esta opción arquitectónica audaz (en ruptura total con el estilo de la plaza) proporciona al conjunto un aspecto de ligereza sorprendente

Piazza Navona

153

a pesar de que la piedra está presente por todos sitios. Sobre los cuatro lados del zócalo, Bernini esculpe estatuas que representan los dioses de los cuatro ríos que simbolizan los continentes: el Danubio por Europa, El Río de la Plata por América, el Nilo por África y el Ganges por Asia. Pero esta alegoría del mundo conocido no es la única lectura posible de la fuente. Los cuatro ríos evocan también la iconografía medieval cristiana de los cuatro ríos del Paraíso que anegan e irrigan el mundo entero después de fluir de una montaña.

Por otra parte, sobre la fuente, Bernini coloca palmeras inclinadas por el viento, estatuas de delfines y un león, esculpe una concha con los blasones papales y coloca, en la cima del obelisco, una paloma con un ramo de olivo en el pico. Esta paloma tiene varios significados: puede verse, al mismo tiempo, como el símbolo de la paz en el mundo y como un homenaje a quien había encargado la obra, el Papa Pamphile, ya que la concha es, precisamente, el emblema de su familia. La Fontana de los Cuatro ríos es, por tanto, un monumento erigido a la gloria del Papa.

La paloma de Bernini

Es, así mismo, una obra que los contemporáneos de la Contrarreforma ven de otra manera: para ellos, significa que Roma era el centro del mundo y sonaba como la afirmación de su poder y de su voluntad de evangelizar los continentes. Como pasa a menudo en Bernini, las apariencias son engañosas y nada es tan simple como podría creerse. No hace falta, sin embargo, ver en esta complejidad una marca de pertenencia de Bernini a una orden secreta, como pretende Robert Langdon. Se mire como se mire es, en realidad, una glorificación de la Iglesia romana.

LA ISLA TIBERINA

En la Roma de Robert Langdon, la isla Tiberina es uno de los pocos lugares donde no se comete ningún asesinato. Es incluso, en cierta forma, el lugar de la resurrección ya que allí el héroe reaparece después de haber saltado del helicóptero justo antes de la explosión de la antimateria y cuando todo el mundo le cree muerto.

La isla Tiberina

Si el novelista ha elegido hacer «renacer» a su héroe en este lugar, no es por azar, ya que éste está cargado de historia. Una leyenda cuenta que la isla habría sido escogida como refugio por Esculapio, el dios de la medicina. Éste habría sido conducido desde Grecia en el siglo III antes de Jesucristo para salvar la ciudad de una epidemia de peste. Al llegar cerca de Roma, Esculapio habría adoptado la forma de una serpiente, símbolo de la medicina, lanzándose al Tíber y llegando a la isla Tiberina. Los romanos, viendo en ello la voluntad del dios de ser honrado en este lugar, hicieron erigir un templo en la isla. Hoy este santuario ya no existe y ha sido reemplazado por una pequeña iglesia barroca llena de encanto. Por el contrario, la isla conserva una vocación medicinal. Así, durante la epidemia de peste de 1656, es ahí donde se aislaba a los apestados para evitar los riesgos de contagio. Y hoy, todavía, la isla está ocupada en gran parte por el Hospital de los Hermanos de San Juan de Dios en el cual Robert Langdon es acogido y curado después de su caída.

Era necesario que el héroe de la novela pasase por la Isla Tiberina ya que se encuentra en uno de los barrios de la Roma «original». Mientras que todo el resto de la novela se desarrolla en la Roma papal y barroca construida en el siglo XVII. Este episodio tiene lugar cerca del Capitolio, a unos pasos del Foro y del Palatino, en la ciudad antigua que Dan Brown no evoca prácticamente nada y que, sin embargo, está todavía presente en la Roma contemporánea.

Los secretos del castillo de Sant'Angelo

¿Es el castillo de Sant'Angelo una de las guaridas de los Illuminati? Sin duda la respuesta es no, aunque el monumento está cargado de misterios y secretos. Una verdadera fortaleza donde los papas se refugiaban en caso de peligro por el famoso «passetto».

Al acercarse a la masa abombada del castillo de Sant'Angelo se sienten ya el misterio y los secretos de la historia. Entrar en él es percibir las intrigas de palacio y las manipulaciones que se desarrollaban en el corazón de la Roma de los papas. Se entra en el edificio por una gran puerta fortificada, después se sube al corazón de piedra por una rampa helicoidal que parece girar y subir ¡hasta el infinito! Los pasillos son oscuros y el traventino antiguo está minado por los siglos: se comprende fácilmente que Dan Brown haya convertido a este lugar, tan de novela, en uno de los puntos fuertes de la acción de *Ángeles y Demonios* por los misterios que se respiran en el castillo.

Es necesario indicar que casi no se encuentran, en toda la Roma actual, edificios que hayan tenido un pasado tan cargado como éste. Comenzado en el 123 después de Cristo, el castillo se terminó dieciséis años después. Sirve en principio de escultura monumental a un emperador no menos monumental, Adriano, inmortalizado por Marguerite Yourcenar en su libro *Memorias de Adriano*. Se hizo enterrar allí y después, a toda su familia y a sus descendientes. Basta con imaginar, en lo alto del monumento una estatua de bronce representando a Adriano conduciendo un carro con cuatro caballos.

UNA FORTALEZA IMPENETRABLE

A medida que Roma va creciendo, el castillo se convierte en una verdadera fortaleza y, desde la Edad Media se utilizó como tal. A partir del siglo X, sirve de prisión lo que no es sorprendente teniendo en cuenta la espesura de sus muros y el aspecto impenetrable del lugar. Varios ilustres personajes serán encerrados aquí: el alquimista Cagliostro; el monje filósofo quemado por herejía, Giordano Bruno; o Beatriz Cenci que, violada por su padre, decidió vengarse asesinándolo. Los sótanos oscuros, fríos e inhóspitos también han favorecido la reputación del castillo y han hecho de él un lugar a la vez fascinante y terrible para los romanos.

El castillo de Sant'Angelo durante el Saco de Roma

Propiedad de las más grandes familias de Roma, se convirtió rápidamente en una fortaleza, una plaza fuerte que domina toda la ciudad. Quien posee el castillo posee casi toda la ciudad. Esto explica la importancia que tiene y las batallas que libran las grandes dinastías romanas para disponer de él. Algunos siglos más tarde, los papas se lo apropian y, en el siglo XV, Nicolás V hace ampliar el edificio añadiéndole un piso de ladrillo, desagües y, lo más importante, unas torres defensivas en los ángulos que le confieren su impresionante aspecto. Una mejora bien hecha ya que el castillo se convierte, gracias a estas obras, en una guarida de la que los pontífices se sirven en caso de peligro. Aquí es donde Clemente VII se refugia en 1527 durante el saco de Roma por las tropas de Carlos V. El Papa, asediado y recluido, pasa allí más de seis meses, haciendo arreglar apartamentos que, algunos años más tarde, Pablo III se ocupará de embellecer. Se nota perfectamente, al caminar por los pasillos del castillo, el deseo de los papas de la época de hacer de él una fortaleza desde donde dominar toda la ciudad.

Al pasar de un rincón sombrío a un pasillo rodeado de altos muros, protegido tanto de los enemigos como de las posibles miradas, atravesando un pasillo para llegar a una logia sobre el Tíber, el visitante es proyectado varios siglos hacia atrás y casi espera ver surgir a un soldado con armadura en el hueco de una puerta. Es difícil aprenderse el plano de conjunto y se podría errar durante horas y perderse fácilmente. Uno puede imaginar, como Robert Langdon, descubrir una pequeña pieza llena de símbolos secretos que será la culminación de un recorrido iniciático en la Roma barroca, el punto de llegada del camino de la iluminación...

Desgraciadamente, no hay nada parecido que descubrir, todo ha sido ya excavado y es bien conocido por los arqueólogos.

EL *PASSETTO*, ¿UN PASAJE SECRETO?

Como explica Dan Brown en su novela, uno de los triunfos estratégicos del castillo es encontrarse a varios cientos de metros del Vaticano, constituyendo así un repliegue fácil para los papas. Sería cierto, afirma el novelista, que el castillo estaría unido a los apartamentos personales del papa (y especialmente a su biblioteca privada) por un pasaje secreto. Dan Brown lo describe como un subterráneo misterioso: su héroe, Robert Langdon, afirma haber oído hablar de él antes de obtener finalmente la prueba de su existencia, viéndolo con sus propios ojos. Para él, «ver» el famoso *Passetto* es casi una aparición mística: ¡el subterráneo secreto existe!

Este pasaje secreto, si bien es muy de novela, no tiene, sin embargo, nada misterioso y en todo caso, desgraciadamente para la imaginación, no se parece al que describe Dan Brown. En primer lugar porque el *Passetto* no tiene nada de secreto: ¡cualquier romano conoce su existencia y puede mostrarlo si se lo piden! No se trata, en efecto, de un subterráneo, sino en realidad de un pasillo fortificado y elevado varios metros sobre el nivel de la calle, que une efectivamente el castillo al Vaticano.

Varias vistas de Il Passeto

Salida de II Passeto *desde el Castillo de Sant'Angelo*

Aún a riesgo de decepcionar a los amantes del misterio, no está escondido. Puede verse atravesando el barrio del Borgo varios cientos de metros y se parece un poco a un acueducto antiguo. Construido en 1277 por el Papa Nicolás III, fue objeto de nuevas obras para fortificarlo y hacerlo aún más seguro en 1493. Es de notoriedad pública que los papas lo han edificado para poder huir y pasar de un lugar al otro sin ser vistos en caso de peligro. Clemente VII tomó este camino para refugiarse en el castillo con un puñado de guardias suizos en 1527. Se cuenta igualmente que es en el *Passetto* donde los papas de vida disoluta fijaban sus citas con sus amantes...

Hoy, el castillo de Sant'Angelo es un museo nacional, y una de las principales atracciones turísticas de Roma. Atrae cada año a varios millones de visitantes que acuden a respirar la atmósfera de misterio que cubre al monumento.

Bajo el signo místico y misterioso de los ángeles

Si hay un lugar en Roma donde la novela de Dan Brown, *Ángeles y Demonios*, encuentra todo su sentido es en los alrededores del Castillo Sant'Angelo ya que, ahí más que en ningún otro sitio ¡la concentración de ángeles alcanza su paroxismo! Se destaca entre ellos uno, colosal, de bronce, situado en la cúspide del propio castillo. Este ángel es el que da nombre al castillo y su presencia en el castillo va unida a una bonita leyenda. En 590, una gran epidemia de peste diezmaba la ciudad. El Papa, Gregorio el Grande, decidió hacer una procesión por las calles de la ciudad, rezando con las masas para que el Señor pusiera fin a la tragedia. Cuando la procesión llegaba a la vista del castillo (que sólo era el mausoleo de Adriano), el arcángel Miguel apareció en la cúspide del edificio. Los fieles lo vieron introduciendo su espada en la funda y el gesto fue interpretado como un signo del fin de la epidemia. Y, en efecto,

algunos días después, la peste cesó. Como las oraciones habían sido escuchadas, en acción de gracias, el Papa decidió hacer erigir una capilla y colocar una estatua que representase la aparición del ángel.

Justo enfrente de la entrada principal del castillo, suspendido sobre el Tíber, el llamado puente de Sant'Angelo une el centro de la ciudad de Roma con el barrio del Vaticano. Construido por el emperador Adriano, está adornado desde el siglo XVII con diez estatuas de ángeles esculpidos por Bernini y su escuela. El puente, reservado a los peatones, es una espléndida obra de arte, ligera y vibrante, donde cada uno de los ángeles lleva un instrumento de la Pasión de Cristo.

Los ángeles se consideran como intercesores entre los hombres y Dios, y son su símbolo.

Según algunos historiadores, se puede interpretar igualmente la presencia de estos ángeles como un signo de protección mágica. Esto no sería sorprendente si tenemos en cuenta que, desde el Renacimiento, varias filosofías se han actualizado según el gusto de la época. Entre ellos: la Cábala, una tradición esotérica de origen judío que sitúa a los ángeles en el centro de su mística. Popularizada por Pico de la Mirandola en el siglo XV, la Cábala tuvo una influencia importante sobre el Papa Urbano VIII, contemporáneo y protector de Bernini, que tenía una visible inclinación hacia la magia y la astrología.

Esta inclinación por los misterios, en apariencia muy alejados de la ortodoxia católica, es patente principalmente en un fresco que el Papa hizo realizar en su palacio privado (el palacio Barberini). Pintado en el techo por un próximo a Bernini, representa los planetas en fechas importantes en la .vida del Papa, que creía en el poder protector de estos símbolos. Tenía, por otra parte, otros hábitos que, retrospectivamente, parecen sorprendentes en un pontífice: en su habitación, hizo representar el cosmos a través de símbolos. Por ejemplo, un candelabro simbolizaba el Sol, aromas de plantas incineradas (como la mirra, el laurel, etc.) o colores que representaban al resto de los planetas.

El Papa se beneficiaba, así, de un entorno destinado a protegerle ya que toda la «magia» le atraería el beneplácito y los poderes de Júpiter o de Venus mientras que rechazaba la mala influencia de Marte o de Saturno. Bernini bebía, por tanto, de este clima místico y casi pagano del siglo XVII, ya que estaba cercano al Papa Urbano VIII. No hay nada sorprendente en que, como afirma varias veces Dan Brown en *Ángeles y Demonios*, varias de estas obras pueden en ocasiones ser descifradas a la luz de una simbología que tiene muy poco que ver con el catolicismo clásico.

Copérnico y Galileo (a la derecha) revolucionan la
ciencia al probar que la Tierra gira alrededor del Sol
y no al revés.

En 1611, Galileo entra a formar parte de la Academia de los Lincei, cuyo símbolo es un lince. En la fotografía de la derecha, el palacio Corsini, sede actual de la academia.

Representación del universo según Copérnico. De las investigaciones de este personaje partió Galileo para demostrar al mundo mediante observaciones con el telescopio que la Tierra se movía alrededor del Sol.

Cuadro de Gatti en el que se reproduce el posible
encuentro entre Galileo y Milton (cuyo retrato
mostramos a su derecha).

Frente al tribunal de la Inquisición en
1633... La Iglesia le impondrá el silencio al
sabio. La religión ganó la primera batalla
contra la ciencia.

La inquisición tuvo un papel determinante
en la relación entre la ciencia y la religión
durante esta época. No fueron pocos los
ejemplos de confesiones conseguidas
gracias a las torturas.

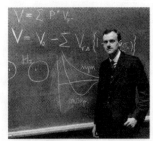

El científico británico Paul Dirac, primer teórico de la antimateria.

El CERN con el dibujo del Large Hadron Collider (gran colisionador de hadrones) y al fondo, el macizo del Mont Blanc.

Los aceleradores de partículas del CERN y la construcción (abajo) del futuro *Hadron collider*.

Una de las famosas «botellas» que permiten trasladar algunas partículas de antimateria.

La sala de informática del CERN, donde se inventó la web.

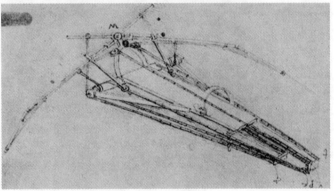

Volar, un sueño
ancestral: desde Ícaro,
pasando por la máquina
voladora de Leonardo
da Vinci, hasta el X15
que tiene el record de
velocidad en un avión
pilotado (Mach 6,7).

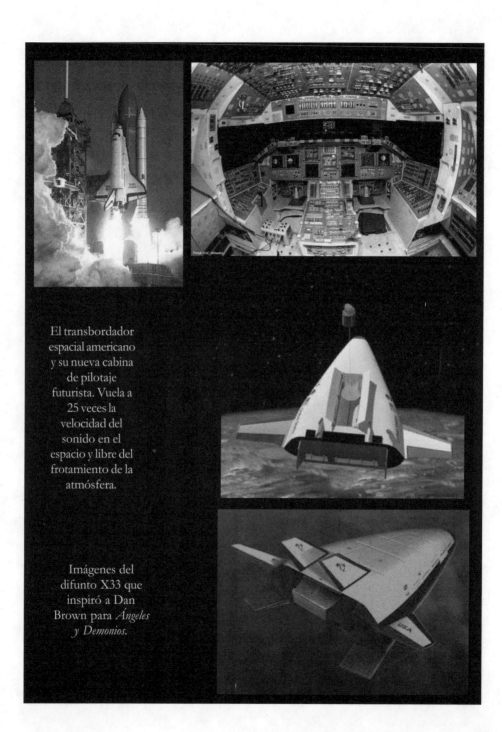

El transbordador espacial americano y su nueva cabina de pilotaje futurista. Vuela a 25 veces la velocidad del sonido en el espacio y libre del frotamiento de la atmósfera.

Imágenes del difunto X33 que inspiró a Dan Brown para *Ángeles y Demonios*.

El Panteón, también llamado la «Casa del Diablo», los diablos podrían entrar por el *oculus* abierto en el centro de la cúpula. Langdon cree que el primer asesinato debe tener lugar aquí, ya que el enigma descubierto en el manuscrito de Galileo hace referencia a la tumba de Rafael.

La Piazza del Popolo con su obelisco, la iglesia de Santa
María y la puerta de entrada a Roma concebida por
Bernini.

Interior de Santa María del Popolo, lugar del primer asesinato. Encima, la estatua de Habacuc
Página de la derecha: la Capilla Ghigi con la tumba-pirámide y la cúpula pagana cubierta con
símbolos astrológicos.

La Basílica del Vaticano y la Plaza de San Pedro con la columnata concebida por Bernini. Es el lugar de la segunda muerte de la novela.

Arriba: perspectiva de la Plaza
desde la cúpula de la Basílica.
Abajo: el baldaquino esculpido por
Bernini con el bronce antiguo que
cubría, antes, la cúpula del Panteón.

El Vaticano, el Estado más pequeño del
mundo. El Palacio Pontificio (debajo) es
la residencia del Papa. La entrada a los
apartamentos está estrictamente
controlada por la guardia suiza.

En la imagen de la derecha, el *soplo de Dios*
indica la entrada a la Basílica.

La Capilla Sixtina donde se reúnen los
cardenales en cónclave. A la izquierda,
detalle del techo.

La Capilla Sixtina alberga también el
Juicio Final y La Creación (parte
inferior).

Los Archivos Secretos (foto superior) se encuentran junto a la Biblioteca del Vaticano y poseen manuscritos extremadamente raros que muy pocos han tenido el privilegio de ver. Entre estos tesoros, un volumen firmado por Galileo.

La guardia suiza está presente en todo el Vaticano.

Bajo la Basílica de San Pedro, se encuentra la cripta de los papas donde están enterrados muchos soberanos pontífices.

La más valiosa de las tumbas es la del primer Papa: el mismo San Pedro. Numerosos historiadores dudan, de todas formas, de que se trate realmente de la tumba del discípulo de Jesús...

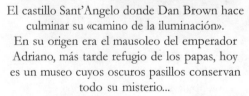

El castillo Sant'Angelo donde Dan Brown hace
culminar su «camino de la iluminación».
En su origen era el mausoleo del emperador
Adriano, más tarde refugio de los papas, hoy
es un museo cuyos oscuros pasillos conservan
todo su misterio...

Desde la cúspide del castillo Sant'Angelo, vista del *Passetto* y del Vaticano.

Más que un pasaje secreto que une el castillo Sant'Angelo y el Vaticano, el *Passetto* es en realidad una muralla fortificada. Los papas recurrían a ella en caso de peligro para huir. Es por aquí por donde, en la novela, los cardenales son secuestrados por el Hassassin.

Arriba: la plaza Barberini y el Hotel Bernini donde Robert y Victoria se reencuentran al final de la novela.
Abajo: la iglesia de Santa Maria della Vittoria. Es aquí donde uno de los cardenales es asesinado con fuego.

En la iglesia Santa Maria della
Vittoria: detalle de la Capilla
Cornaro donde Bernini esculpió
El éxtasis de Santa Teresa obra
considerada a menudo como
pagana, e incluso erótica...

Piazza Novona: una de las plazas más animadas y turísticas de Roma. Un cardenal es asesinado en la famosa fuente de los Cuatro Ríos, de Bernini, ahogado bajo el obelisco.

La isla Tiberina y su hospital. Robert Langdon es recogido aquí milagrosamente después de su caída desde el helicóptero.

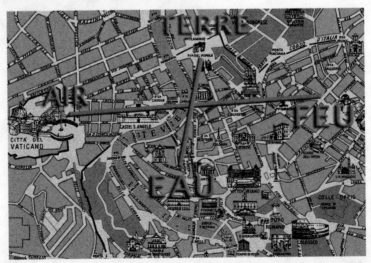

El plano de Roma y la cruz que forman los lugares de los cuatro asesinatos. Cada lugar está simbolizado por uno de los cuatro elementos primordiales por los que mueren los cardenales, por orden: enterrado (tierra-*terre*), asfixiado (aire-*air*), quemado (fuego-*feu*) y ahogado (agua-*eau*).

Parte V

Ciencia divina

LAS BATALLAS DE LA CIENCIA Y LA RELIGIÓN

La ciencia se tomó su revancha sobre la religión e incluso, la ha reemplazado. Hoy, no es ya Dios quien salva a los hombres, sino la medicina; ya no es Dios quien da esperanza, sino la investigación científica. Sin embargo, la «ciencia sin conciencia» es un juguete peligroso. Un debate que está en el corazón de Ángeles y Demonios.

«Medicina, comunicaciones electrónicas, viajes al espacio, manipulaciones genéticas... éstos son los milagros de los que hoy hablamos a nuestros hijos». Con estas palabras el camarlengo Carlo Ventresca comienza su discurso sobre la batalla entre ciencia y religión en el capítulo 94. Y hay que reconocer que este hombre de iglesia no se equivoca: desde el Siglo de las Luces y, sobre todo, desde el siglo XX, el progreso científico se ha convertido, en cierto sentido, en el nuevo dios. Es la ciencia la que hoy puede salvar a los hombres de la enfermedad, y no ya la religión. La misma ciencia que nos permite comunicarnos más rápido, más lejos y mantener una conversación instantánea con un desconocido al otro lado del mundo, y no ya la religión. La ciencia, en fin, que nos da la esperanza de sobrepasar nuestros límites, que nos hace soñar con nuevos mundos lejanos, y no ya la religión.

Hace ya mucho tiempo que se ha perdido el miedo al infierno y la esperanza en el cielo. Con la ciencia, el hombre ha aprendido a ser escéptico. Quiere ver para creer, tener pruebas para saber que algo existe. Como dice Carlo Ventresca «la ciencia ha ganado la batalla». Éste es el sentido de la frase del biólogo Jacques Monod: «El hombre sabe que está solo en la inmensidad indiferente del Universo de donde ha surgido por azar».

La ciencia ha ganado la batalla

En cierta forma, la ciencia ha dado al hombre lo que Dios le prometía desde siempre sin otorgarlo nunca: menos sufrimiento, victoria sobre las enfermedades y un cierto bienestar y confort. ¿Cómo, en estas condiciones, se puede estar sordo a los cantos de sirena de la ciencia? Imposible. Desde hace mucho tiempo, la ciencia ha sido sinónimo de progreso técnico y de crecimiento económico. El siglo XX habrá sido un siglo sin Dios, sin mística, donde el racionalismo ha sido impulsado hasta sus extremos.

Pero a fuerza de jugar a ser Dios, la humanidad ha experimentado también su propia destrucción. Puede que no haya paraíso celestial, pero el infierno terrestre no está lejos. Y cuando en 1945, los Estados Unidos lanzan la primera bomba atómica sobre Hiroshima en Japón, la ciencia muestra lo peor y lo más peligroso que conlleva. «La ciencia ha experimentado el pecado», dirá , algunos años más tarde, uno de los padres de la bomba, el físico Robert Oppenheimer, en una fórmula que reestablecía a la religión en su papel de moderador o de contrapeso moral.

La ciencia de hoy da miedo. El escenario descrito en *Ángeles y Demonios* de una bomba de antimateria más potente que cualquier otra, aterroriza. Pero no es más que un ejemplo. Más realistas y más próximas a la vida cotidiana, se pueden citar la clonación, las manipulaciones genéticas, los organismos modificados genéticamente, etc. Tantos avances científicos y descubrimientos que suscitan un debate muy rico. ¿Tenemos derecho, en nombre de la ciencia, a crear seres idénticos unos a otros? ¿No hay, como pretenden hacernos creer muchos científicos, ningún riesgo en cultivar plantas transgénicas cuyos efectos sobre la salud y el medioambiente no se conocen? Más consciente sobre los riesgos de la ciencia, nuestra sociedad se hace preguntas, porque algo ha cambiado. El científico ya no es un simple descubridor como antes, cuando Galileo presentaba su teoría heliocéntrica o es cuando Pasteur descubría su vacuna contra la rabia. Se ha convertido en un creador, capaz de dar la vida artificialmente y de modificar su esencia. El descubridor y el creador no tienen, evidentemente, las mismas responsabilidades y es por esto por lo que la ciencia sin conciencia ya no es posible. Así los escribía Saint-Exupéry en *El principito*: «No debes olvidar. Eres responsable para siempre de lo que has domesticado».

LOS PELIGROS DE UNA CIENCIA SIN CONCIENCIA

«En realidad, lo que hace peligrosa a la ciencia, es que tiene un suplemento de poder que no se corresponde con un suplemento de alma», afirmaba Claudie Haigneré, científica, astronauta, antigua ministra delegada de ciencias humanas y nuevas tecnologías en Francia. ¿No es el papel de las ciencias humanas y sociales el de reflexionar sobre los móviles y la finalidad de nuestras acciones? Esta toma de conciencia de los retos de la ciencia pasa también por una mejor información a la sociedad. Corresponde a los científicos exponer los límites de sus descubrimientos de manera equilibrada, didáctica y sin alarmar más de lo necesario. El saber compartido debe permitir facilitar una toma de decisiones fundada. En el caso de los organismos genéticamente modificados, todos los países deben contribuir a controlar sus conocimientos de la manera más fiable posible, porque esta revolución ofrece numerosas y fascinantes perspectivas (sanidad, medioambiente, etc.).

Por esto se han creado en algunos países, comités de ética encargados de delimitar el campo de investigación. ¿Hasta dónde se puede llegar con la manipulación genética? Sin un marco estricto, las investigaciones se dispararían rápidamente y se podría apostar a que clones humanos habrían visto ya la luz por decenas o centenas... Evidentemente los comités no constituyen una garantía absoluta, pero sí son un cortafuegos, una muralla contra las derivas de la ciencia. Para vigilar la evolución científica se han creado, también, asociaciones como el Movimiento Universal de la Responsabilidad Científica. Compuesta por científicos y universitarios, esta asociación avisa al gran público y a los poderes políticos sobre los riesgos que los descubrimientos científicos hacen correr a la humanidad.

Esta necesidad de debate es, por tanto, perceptible, mientras la ciencia sea (y, sin duda, lo será por mucho tiempo) el nuevo dios ante el cual nos postramos. Una necesidad de espiritualidad, un gusto por la mística y la reflexión moral acaban por inmiscuirse en el debate científico. La batalla que se desarrollaba desde el siglo XVI entre la ciencia y la religión parecía haber sido ganada por la razón. Esto ya no es tan patente hoy. Puede ser porque simplemente el hombre es una mezcla de razón y de pasión, de lógica y de creencia. No es totalmente lo uno, ni totalmente lo otro, hecho que tanto la Iglesia como la ciencia han tenido tendencia a ocultar...

El mundo misterioso
de la antimateria

La antimateria es uno de los actores principales de la novela de Dan Brown, está presente en cada etapa de la intriga y el lector no puede dejar de preguntarse: «¿todo esto tiene una base científica real?». La respuesta es sí. La antimateria existe y una parte de lo que afirma Dan Brown es verdad, se produce cada día en el CERN, el gran laboratorio científico europeo. De todas formas, como todo en la novela, la exageración es la norma. ¡Falta mucho para poder transportar algunos gramos de antimateria en una pequeña maleta amenazando con volar una ciudad! Pero no está prohibido hacer algunas proyecciones, ni soñar un poco...

Al principio, la antimateria no era más que una teoría, el resultado posible de una ecuación compleja. En los años 30 y 40, numerosos matemáticos y físicos trabajaban frenéticamente sobre la materia, buscando desentrañar sus misterios, principalmente para utilizar su formidable energía. Estas investigaciones darán lugar a la creación de la bomba atómica, al final de la Segunda Guerra Mundial.

En 1927, el joven matemático británico Paul Dirac busca la ecuación sobre el comportamiento de los electrones, es decir, los elementos que (entre otros), giran alrededor de un núcleo formando el átomo. Dirac trabaja sobre la base de la teoría de la relatividad de Einstein: es la famosa ecuación Energía = Masa x Velocidad de la Luz^2 (E=MC^2). Partiendo de

Paul Dirac

esta teoría, el joven matemático busca describir sobre el papel las características de los electrones, estableciendo la relación entre su masa y su energía; es decir, su carga eléctrica. Y va a llegar a una conclusión que va a revolucionar una parte importante de la física de partículas. El electrón, que siempre tiene carga negativa, se comportaría exactamente de la misma manera, tendría exactamente las mismas propiedades si estuviera cargado positivamente.

Para esquematizar, esto significa que un electrón y su contrario tendrían propiedades idénticas y que la existencia de uno no es menos lógica que la existencia del otro. Ahora bien, en la naturaleza, sólo se encuentran electrones negativos, que son los que forman nuestra materia, nuestras mesas, nuestros coches y nuestro cuerpo.

Las ecuaciones de Dirac demuestran, sin embargo, que en la naturaleza puede existir el exacto opuesto de «nuestros» electrones habituales; es decir de partículas cargadas positivamente, los antielectrones. La base del concepto teórico de la antimateria está ya asentada, aunque una parte de la comunidad científica la considera sólo una fabulación, ya que en esa época no se la ha observado nunca. En 1933, Dirac recibe el premio Nobel por sus trabajos.

CUANDO LA ANTIMATERIA SE HACE REAL

Pero lo que no era todavía más que una teoría controvertida, se verifica muy concretamente en 1932 gracias a la observación, por el físico americano Carl Anderson, de ¡una antipartícula en un rayo cósmico! Se trataba de un antielectrón, rebautizado hoy como positrón. Él también recibe el premio Nobel. La física de partículas se encuentra en un formidable terreno de investigación que promete un bonito futuro.

Estas misteriosas antipartículas van a movilizar a decenas de laboratorios en el mundo entero, ya que los físicos han comprendido el reto del descubrimiento: si existen antielectrones, existen también antineutrones y antiprotones. La materia poseería, por tanto, un doble en negativo. Las implicaciones son inmensas.

En 1955, los investigadores consiguen por primera vez fabricar un antiprotón en el acelerador de partículas de los laboratorios de Berkeley, lo que abre la vía a una exploración precisa de lo que se

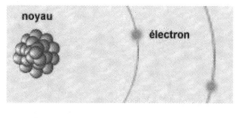

puede calificar verdaderamente de «antimundo». Pero sólo estamos ante la fabricación de pequeñas partículas (antiprotones y antielectrones), todavía muy que está lejos de la masa de un átomo completo (mucho más grande). Sólo cuando se produzcan estos átomos completos (los antiátomos), estaremos en presencia de una verdadera antimateria.

Hoy ya es realidad, gracias principalmente a los trabajos del CERN.

UNA ENERGÍA FORMIDABLE

Poder producir artificialmente estas fabulosas partículas no es sólo una ilusión puramente intelectual, ya que las implicaciones prácticas serían revolucionarias. En efecto, las partículas y las antipartículas son rigurosamente

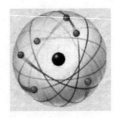

incompatibles en el mismo entorno. Sus cargas eléctricas son opuestas y provocan, en caso de encuentro, una especie de «cortocircuito» en el cual la materia y la antimateria se aniquilarían en una explosión de energía pura. Como señala Dan Brown en *Ángeles y Demonios*, esto abre inmensas posibilidades teóricas en la producción de energía, como es el caso de la energía nuclear. La antimateria tendría enormes ventajas: una producción de energía mil veces superior y la ausencia total de residuos ya que toda la materia y la antimateria se desintegran.

El rendimiento de una aniquilación materia/antimateria es, por tanto, 100%, ¡casi 30 millones de veces más importante que el petróleo y 30.000 veces más potente que la fisión nuclear! Algunos gramos bastarían para alimentar varios meses de electricidad a una ciudad del tamaño de París.

Es algo sobre lo que soñar y que justifica las investigaciones particularmente costosas comenzadas en todo el mundo.

LAS APLICACIONES MILITARES

La potencia de la reacción materia/antimateria no podía dejar indiferentes a los militares. Tales cantidades de energía potencialmente disponibles podrían relegar a la bomba atómica a la edad de piedra. Regularmente, científicos del ejército se interesan por las experiencias del CERN y se mantienen constantemente informados del avance de las investigaciones. La justificación oficial de esta presencia es la investigación pura, pero ¿quién es tan ingenuo como para creerlo? Algunos investigadores civiles, por su parte, encuentran estas injerencias, cuando menos, discutibles...

Los militares están, en efecto, muy interesados por las aplicaciones concretas en el campo del armamento... Ya se trate de los Estados Unidos, Rusia, China o Europa, todos trabajan en estas aplicaciones, que todavía son una quimera. Pero, ¿y mañana? El país que dominase la producción de masa de antimateria tendría una ventaja estratégica enorme. El sueño último de todo ejercito...

Como afirma Dan Brown, desde una óptica puramente militar (o terrorista), la antimateria es un arma temible. Un gramo de átomos de antimateria permitiría liberar una potencia de 20 kilotones, el equivalente a 20.000 toneladas de TNT... ¡cómo en Hiroshima!

Esto es, afortunadamente, un escenario todavía totalmente irreal, pero si se consiguiese producir suficiente antimateria, se podría apostar que las primeras aplicaciones concretas serían militares, ya fueran en la fabricación de bombas o de motores superpotentes. También motores que funcionen en parte con antimateria en los submarinos, aviones y, evidentemente, en naves espaciales.

La ciencia ficción se apropió muy pronto del concepto fascinante de antimateria, principalmente para la propulsión de un artefacto a una velocidad próxima a la de la luz. Con algunos kilos de antimateria, se podría efectivamente propulsar un artefacto espacial habitado a los confines del sistema solar, o hasta la estrella más próxima (Próxima de Centauro), situada a 4,3 años luz de la tierra (cuarenta mil millardos de kilómetros).

Incluso a velocidades increíbles que permitieran alcanzar la antimateria, ¡harían falta unos cientos de años para ir y volver! Sin embargo, esto abriría la vía a la exploración espacial, que está todavía balbuceando. ¡Basta pensar que el hombre no ha ido aún a presentar sus respetos a Marte, un vecino! Es decepcionante para los aficionados a *Star Treck*, pero el ser humano no está listo para fabricar naves como el *Enterprise*, capaces de viajar a otras galaxias en unos días gracias a la «distorsión» generada por los reactores de antimateria. Pero, como el capitán Kirk y su tripulación viven en el siglo XXIII, esto nos da un poco de tiempo para aprovisionarnos de antimateria y (¿por qué no soñar?) conseguir alcanzar una velocidad próxima a la de la luz.

¿SE CONVERTIRÁ LA ANTIMATERIA EN ALGO HABITUAL?

A pesar del placer que pueda dar el imaginar un mundo donde la antimateria sea fácil de producir, es evidente que no lo conoceremos jamás ¡ni nuestros hijos, ni nuestros nietos!

El estudio de la antimateria y su dominio está aún en sus balbuceos, y sin embargo hace ya 50 años que se produjo la primera antipartícula... Es un ámbito eminentemente complejo, que moviliza enormes cantidades de energía y que necesita la invención de instrumentos cada vez más complejos. El principio de la producción es siempre el mismo: se aceleran partículas a una velocidad próxima a la de la luz para hacerlas chocar contra un objetivo y «explotan». Unos inmensos campos magnéticos capturan después las pocas antipartículas creadas.

Como señala el CERN, «la síntesis de antimateria es en sí una operación ineficaz y de argumentación muy difícil. En efecto, el número máximo de antiprotones que jamás se han producido en el CERN en un periodo de un año ¡sólo daría electricidad para encender una bombilla durante algunos segundos!». Estamos lejos, muy lejos de la cantidad de antimateria necesaria para borrar del mapa al Vaticano... Sin embargo, la técnica progresa.

Una etapa decisiva se culminó en 1995: el acumulador de antiprotones del CERN permitió fabricar los primeros átomos de antihidrógeno, es decir, los primeros antiátomos verdaderos.

El desacelerador del CERN

Las partículas sólo se han observado durante algunas millonésimas de segundo antes de encontrarse con sus homólogos del otro mundo, el de la materia, y desaparecer.

Debemos preguntarnos sobre la conservación de la antimateria producida. Es necesario, en efecto, conseguir enfriar las partículas justo después de la colisión para hacerles perder velocidad y, después, encontrar un medio de almacenarlas. Por definición, una antipartícula se aniquila cuando se encuentra con una molécula de atmósfera, una micromota de polvo o la pared de algún recipiente.

Debido a ello, los físicos han creado refrigeradores de partículas, que permiten hacerles perder velocidad. Es el papel del AD (Desacelerador de Antiprotones) que enfría las partículas casi diez millones de veces, hasta hacerles alcanzar una temperatura próxima al cero absoluto. Después, actúan los campos electromagnéticos que no entran en conflicto ni con la materia ni con la antimateria. Estos campos de fuerza captan las partículas extremadamente frías e intentan guardarlas alejadas de toda traza de materia el máximo tiempo posible. Aquí también la tecnología evoluciona, pero la conservación de la antimateria sigue siendo aleatoria, a pesar de que se ha logrado fabricar y conservar algunos átomos de antihidrógeno durante algunos segundos.

Es más fácil capturar algunos antiprotones enfriados, mucho más pequeños, y conservarlos durante varias semanas en contenedores, «botellas» transportables, una trampa de Penning, en las cuales las partículas son confinadas a la vez en el vacío y en un campo magnético. Esto se puede hacer hoy con normalidad, pero sólo con algunas antipartículas y en contenedores que pesan, por su parte, varios cientos de kilos...

Por otra parte, se estima que la producción de un gramo de antiprotones costaría más de cien mil millardos de euros y que, hoy día, el CERN, ¡necesitaría dos mil millardos de años de trabajo!

Como resumen, la pequeña vasija de metal de *Ángeles y Demonios* que contiene un gramo de antimateria y que puede transportar tranquilamente un terrorista bajo el brazo ¡no es más que una simpática extrapolación!

¿Dónde está la antimateria del Big Bang?

Es uno de los misterios del universo que apasiona (y divide) a los físicos. Hemos visto lo difícil que es producir antimateria, principalmente por la enorme cantidad de energía que necesita. ¡Sería mucho más fácil poder sacarla de las «minas» o de yacimientos de almacenamiento similares a los que conocemos para el petróleo o el uranio! Desgraciadamente, no tenemos tantas reservas de antimateria, al menos en la Tierra, lo que se comprende fácilmente al imaginar lo que ocurriría si un yacimiento de antimateria se formase en el seno de nuestra materia ¡la Tierra no existiría!

Sin embargo, en el momento de la creación del universo, en el famoso Big Bang, una parte de la materia neutra «explotó» creando en su expansión a la vez materia y antimateria, en cantidades iguales.

Las experiencias en laboratorio para generar antipartículas sólo se aproximan a las condiciones de la creación del universo.

Ahora bien ¿dónde está esta antimateria original? Al encontrarse con la materia, todo habría debido explotar y el universo debería haber desaparecido tan rápidamente como se había creado. Sin embargo, estamos aquí... Hay varias teorías opuestas.

Algunos físicos consideran que la antimateria pudo ser «lanzada» lejos de la materia, a miles de años-luz de la Tierra. En esa parte del universo, los planetas estarían formados por antimateria, de la misma forma en que nosotros estamos creados de materia. Los dos elementos tienen las mismas características físicas, y es un fenómeno del todo posible. ¡El único problema es que no podemos llegar a los confines del universo para verificar esta hipótesis! Pero en principio, esto es una posibilidad y podemos imaginar que un día (¡un día muy lejano!) haya naves espaciales que vayan a recoger antimateria a otras galaxias...

La otra hipótesis, referente a la dominación final de la materia sobre la antimateria, es que la una no es exactamente opuesta a la otra, y que existen diferencias mínimas (distintas a la simple inversión de la carga eléctrica) que pueden explicar por qué, en el Big Bang, la antimateria se ha volatizado y la materia ha permanecido. Esta es la razón por la que los trabajos del CERN tienen como objetivo principal sondear lo más precisamente posible las partículas y las antipartículas para descubrir estas diferencias y resolver así el gran misterio de la creación de la materia.

DESCUBRIENDO EL CERN

El CERN no tiene nada de secreto, contrariamente a lo que afirma Dan Brown en *Ángeles y Demonios*. Es un inmenso complejo de laboratorios de hormigón y vidrio parte del cual se abre todos los días a los visitantes. En octubre de 2004, para festejar su 50 aniversario, el CERN abrió aún más locales a los visitantes de toda Europa que pudieron entrar en las instalaciones habitualmente reservadas a los científicos. Existen algunos proyectos «sensibles» que se benefician de una protección más rigurosa, pero el secreto que rodea al CERN no es comparable al de algunos laboratorios privados o militares ¡ya estén en Europa, Estados Unidos o Asia! De todas formas, su presupuesto anual es colosal: 630 millones de euros, ¡sin contar con las inversiones suplementarias para ciertos equipos excepcionales!

¿QUÉ PAPEL TIENE EL CERN?

La idea inicial se remonta a 1949, cuando el premio Nobel de física, el francés Louis de Broglie, pide la creación de un laboratorio científico europeo. Cinco años más tarde, doce estados europeos firman el convenio fundacional del CERN, inicialmente llamado Centro Europeo para Investigación Nuclear (*Centre Européen de Recherche Nucléarie*), pero que es más conocido como Laboratorio Europeo de Física de Partículas, situado en el Cantón suizo de Ginebra, a pocos kilómetros de la frontera francesa.

Actualmente, los Estados miembros son veinte: Austria, Bélgica, Bulgaria, República Checa, Dinamarca, Finlandia, Francia, Alemania, Grecia, Hungría, Italia, Países Bajos, Noruega, Polonia, Portugal, República de Eslovaquia, España, Suecia, Suiza y Reino Unido. Otros, como Israel, Japón, Turquía, Rusia y Estados Unidos tienen estatus de observador.

El CERN se ha convertido en una magnífica estructura científica, financiada por los Estados miembros, en la que trabajan más de 3.000 físicos, ingenieros, técnicos, obreros cualificados, administrativos... y otros 6.000 especialistas en el estudio de las partículas, que representan a 80 nacionalidades. Es un verdadero ejército mundial de investigadores que ponen en común sus medios y sus resultados para hacer avanzar los descubrimientos sobre los componentes de la materia y sus aplicaciones prácticas.

EL TRABAJO SOBRE LA ANTIMATERIA

El CERN no es el único laboratorio del mundo que trabaja con la antimateria, pero es sin duda el más avanzado y el más eficaz. Uno de los principales útiles del CERN, el LEP (*Large Electron Positron Accelerator* – gran acelerador de electrones y positrones) entró en servicio en 1989. Se trata de un anillo subterráneo de 27 km de largo en el que los físicos propulsan partículas a gran velocidad antes de hacerlas colisionar a alta velocidad para observar las reacciones y separar las diferentes partículas (conocidas o desconocidas) que componen los átomos y, en especial, los núcleos.

El LEP ha prestado enormes servicios a los investigadores del mundo entero, pero hoy día está sobrepasado y en 2007, entrará en servicio el LHC, el gran colisionador de hadrones (*Large Hadron Collider*). En *Ángeles y Demonios* es este aparato el destinado a producir la antimateria robada... ¡Dan Brown está varios años por delante!

Este anillo subterráneo ocupará, a 100 metros bajo tierra, el mismo túnel que su ancestro, el LEP. Aunque se basa en el mismo principio, será un acelerador de partículas mucho más potente que los existentes hoy, permitiendo concentrar sobre una pequeña superficie una fantástica energía. Los científicos podrán recrear un ambiente cercano al existente al nivel de las partículas en el momento del Big Bang. Los núcleos del átomo deberían liberar sus secretos sobre las partículas que los componen y la forma en que estas partículas interactúan. Las implicaciones del LHC sobrepasan de lejos la propia investigación sobre la antimateria.

En lo que se refiere específicamente a este ámbito, el principal instrumento utilizado hoy en el CERN es el Desacelerador de Antiprotones (AD). Es capaz de enfriar considerablemente las antipartículas producidas y, por tanto, inmovilizarlas para facilitar su observación. Se espera, así, conseguir definir de forma muy precisa si hay diferencias mínimas (además de la carga eléctrica) entre materia y antimateria.

En 2002, el CERN consiguió, gracias al Desacelerador y a ATHENA (una colaboración de 39 científicos del mundo entero) producir 50.000 átomos de antihidrógeno y almacenarlos durante algunos segundos. Hoy día, son decenas de miles de antipartículas las que se producen cada día en los laboratorios de Ginebra. Un avance más importante que muestra que los físicos están en el buen camino y que las técnicas evolucionan.

LAS OTRAS INVESTIGACIONES DEL CERN

El CERN no se conforma con trabajar sobre la antimateria, que sólo es un aspecto de sus trabajos sobre las partículas y sobre las radiaciones. Además del interés teórico de sus investigaciones, las aplicaciones actuales y futuras de los descubrimientos referidos directamente a nuestra vida cotidiana, ya sea en medicina (irradiación de células cancerígenas gracias a los antiprotones y técnicas de tomografía, cirugía con láser de alta precisión), en la industria (nuevos materiales más precisos y resistentes, semiconductores para la informática) o incluso en el tratamiento contra los deshechos nucleares que serán destruidos en los aceleradores.

Pero una de las aplicaciones más concretas y espectaculares del trabajo del CERN para el gran público fue la puesta a punto de la... ¡web! Sí, como afirma Dan Brown en *Ángeles y Demonios*, fueron los informáticos del Centro los que elaboraron los protocolos informáticos que hoy están presentes en todos los hogares. Hay que precisar que la web no es Internet. Éste no es más que un servicio propuesto por la red mundial, una manera de navegar de página en página, una verdadera red totalmente libre.

Internet como tal se remonta a los años 70, con la creación, bajo control del ejército americano, de protocolos de transmisión de información entre los ordenadores. El objetivo, en su origen, era poder comunicarse incluso en caso de ataque nuclear lanzado por la Unión Soviética. La primera red, verdadera antepasada del Internet actual, fue ARPANET, puesta en marcha entre cuatro universidades americanas y todavía controlada por el ejército. Hay que señalar que los primeros trabajos americanos utilizaban ampliamente los descubrimientos de un francés, Louis Pouzin, cuyos trabajos a principios de los 70 se referían a la transferencia de «paquetes» de datos informáticos. Sobre el mismo modelo que ARPANET vieron la luz otras redes, bastante poco atractivas y complicadas de utilizar. Lo que popularizó Internet en el mundo entero fue la web, la gran tela de araña mundial.

La idea de la famosa *World Wild Web* (que es una red entre otras) se remonta a marzo de 1989: Tim Berners-Lee y el belga Robert Cailliau, informáticos del CERN, proponen crear un servicio abierto a todos, en el que figuraban vínculos a otras fuentes de información, a otras páginas con un simple «clic» de ratón. La base del sistema era un lenguaje informático simple, el HTML, que permitía interconectar documentos, archivos, imágenes, sitios... Bastaba hacer clic sobre los vínculos. Esta malla dinámica era, además, compatible con todos los tipos de ordenador. En 1992, Berners-Lee colocó una «pasarela» entre el gran servidor de Internet de Fermilab en los Estados Unidos y el sitio web del CERN, tejiendo así los primeros hilos de la red mundial. ¡Hoy son varios millones de sitios web los que están interconectados! La primera conferencia internacional sobre el *World Wide Web* (lo que se llamó el Woodstock de la web) se organizó en 1994 en el CERN y marca el verdadero lanzamiento de la red tanto a los usuarios como al gran público. Los años siguientes estuvieron esencialmente consagrados al desarrollo de navegadores, ámbito en el cual Microsoft consiguió (¡una vez más!) imponerse con el programa Explorer.

La puesta a punto de interfaces manejables y estables permitieron entonces a la web desarrollarse muy rápidamente entre el gran público.

Robert Cailliau y Tim Berners-Lee

VOLAR CADA VEZ MÁS ALTO, CADA VEZ MÁS RÁPIDO

Desde siempre el hombre ha soñado con volar, con liberarse de la gravedad. En la mitología griega, Ícaro se fabricó dos alas pegadas con cera para poder aproximarse al sol... pero cuando quiso subir demasiado alto, las alas se le quemaron e Ícaro, aturdido, cayó desde el cielo. Robert Langdon, por su parte, va muy alto y muy rápido gracias a un maravilloso avión supuestamente construido en el CERN... A parte de que el laboratorio (muy su pesar) no tiene un aparato supersónico experimental, el avión de Ángeles y Demonios que vuela a Mach 15 no existe. Sin embargo, lo que aún es una ficción podría convertirse en realidad... algún día.

¿Un aparato que se desplaza 15 veces a la velocidad del sonido, es decir, a más de 18.000 Km/h? Este híbrido entre nave espacial y avión, que permite alcanzar cualquier punto del globo en una hora y media después de haber rozado el espacio... ¡es el sueño de los hombres de negocios! Hoy día un Boeing o un Airbus clásico alcanzan los 900 km/h de velocidad de crucero y son incapaces de efectuar un vuelo de larga distancia sin hacer una escala para repostar carburante.

El único supersónico comercial, el Concorde, volaba a Mach 2 (2.200km/h), un record. Pero a pesar de contar con una tecnología punta, la rentabilidad del aparato era demasiado aleatoria y el pájaro blanco efectuó tristemente su último vuelo en junio de 2003. Después de este canto del cisne, no hay aviones comerciales que sobrepasen la velocidad del sonido.

Contrariamente a lo que afirma el piloto de Robert Langdon, el transporte civil a Mach 15 está aún muy lejos de ver la luz. Los grandes fabricantes mundiales trabajan para poner a punto aviones más rápidos pero, sobre todo, pensando en sus posibles aplicaciones militares.

El magnífico proyecto que ha inspirado a Dan Brown en *Ángeles y Demonios* es el X33 Venture Star, sobre el que trabaja la NASA y el constructor Lockheed Martin. Éste debería ser una mininave espacial capaz de transportar pasajeros, lanzar satélites y efectuar varias rotaciones hacia el espacio con sólo 7 días de mantenimiento en tierra; un verdadero «avión espacial».

El proyecto lanzado en 1994 con la bendición de Bill Clinton estaba muy avanzado, se habían probado varias maquetas en túneles aerodinámicos y se habían invertido casi un millardo de euros. Se esperaba ver rápidamente un prototipo en el cielo, pero el X33 se quedó en el suelo. Para siempre. El gobierno Bush tiró la toalla bruscamente en 2002, considerando que «hacer volar pasajeros a Mach 15 no era rentable». Hace falta decir que cada unidad de X33 habría costado la bagatela de 150 millones de euros...

Punto final, por tanto, para el proyecto del X33, al menos en lo referente a los vuelos comerciales.

EL RECORD DE MACH 10

Actualmente, el proyecto más avanzado en el campo de los aviones espaciales es el X43, el más rápido que

El fracasado proyecto del X33

jamás ha existido, destinado, quizás, a sustituir al trasbordador espacial, condenado a medio plazo. Según el pliego de condiciones, el X43 debería ser menos caro de construir que el trasbordador, permitiría lanzar satélites y, muy eventualmente, transportar carga y pasajeros.

En noviembre de 2004, el prototipo de este aparato, que fue construido por la NASA y Boeing, voló a Mach 10 (es decir a 11.000 km/h), batiendo sin paliativos el record ostentado desde 1967 por otro aparato supersónico experimental (militar), el X15. Éste conserva de todas formas el record de vuelo «tripulado» ya que el prototipo del X43 estaba teledirigido y su carrera terminó, como estaba previsto, en el océano Pacífico.

Por otra parte, lo que podría convertirse en el primer avión espacial no puede, por el momento, ser autónomo: un bombardero B52 le sitúa a 29 kilómetros de altitud y después un cohete Pegaso le propulsa a Mach 4 antes de soltarlo. En realidad, en el vuelo de fines de 2004, el X43 sólo voló por sí mismo durante 10 segunditos... ¡es todavía pronto para llamar a los pasajeros al embarque!

Lo que es más interesante en este vuelo es la tecnología revolucionaria utilizada por sus motores. Mientras que los aparatos hipersónicos (militares) precedentes quemaban oxigeno e hidrógeno líquido almacenados en sus reservas, el estatorreactor del X43 utiliza directamente el oxigeno del aire, reduciendo por tanto la masa de carburante que es necesaria para superar la gravedad.

El X43 de la NASA

El trasbordador espacial

La tecnología permite ya al hombre alcanzar velocidades fabulosas, principalmente fuera de la atmósfera (que ralentiza todos los movimientos). El trasbordador espacial roza así el Mach 25 cuando está en órbita, es decir cuando se libera del frotamiento del aire.

Pero, aunque se le parezca, el trasbordador y sus siete pasajeros no es un avión y no puede convertirse en un artefacto capaz de dar a sus pasajeros un pequeño paseo. La tecnología está ahí, pero los costes son tan desproporcionados que e impiden todo desarrollo futuro: a 450 millones de dólares el vuelo (20.000 euros por cada kilo transportado), el precio de un billete de vacaciones es aún inalcanzable.

Esta tecnología parece muy prometedora y la NASA espera poder alcanzar el Mach 15 en los próximos años. Sin embargo, este tipo de vuelo presenta todavía muchos problemas, principalmente ligados a la temperatura alcanzada por el reactor (cerca de 3.000 grados) y por las alas. Es necesario desarrollar materiales capaces de resistir tales temperaturas y a presiones muy altas..., todo ello consiguiendo limitar los costes: «Nos movemos en las fronteras de lo desconocido», reconoce uno de los responsables del proyecto.

Antes de considerar la posibilidad de llevar fácilmente pasajeros a los confines del espacio, será necesario resolver el problema de la aceleración; el cuerpo va a tener que soportar presiones enormes a la hora de despegar y de aterrizar. En un caza, mucho menos rápido, el piloto soporta frecuentemente 7G (es decir, una presión siete veces su propio peso).

Los militares toman el relevo

Si el ambicioso proyecto X33 Venture fue abandonado por el gobierno americano en su aspecto comercial (para particulares y empresas), no se ha perdido del todo. La Fuerza Aérea ha retomado el dossier y quierer fabricar, basado en este modelo, un superbombardero, con la bendición del presidente Bush.

Como el X33, el aparato sería capaz de elevarse a 100 km de altitud y alcanzar el Mach 25. Las bombas lanzadas desde esa altura tendrían una fuerza de impacto increíble y el aparato estaría a salvo del lanzamiento de los mísiles. Para América, tendría el enorme mérito de poder golpear a velocidad del rayo sin arriesgar a ningún hombre sobre el terreno: media hora después de su despegue, el súper bombardero podría sobrevolar cualquier punto del globo y desplegar una potencia de fuego imparable. Esto sería a la vez disuasivo y represivo. ¡Cuántas cualidades a ojos del ejército americano! El Pentágono busca reducir sus costes de funcionamiento cerrando numerosas bases en el extranjero, ya que son infraestructuras pesadas cuyo papel principal es de poder servir de base de reavituallamiento para la aviación. Con el bombardero espacial, serían totalmente inútiles...

Es, por tanto, probable que si en el futuro hay un aparato parecido a éste que lleve a Robert Langdon en *Ángeles y Demonios*, su tecnología será, en principio, militar. El gobierno americano no puede financiar ya el «sueño americano» civil. Pero el presupuesto aparece milagrosamente cuando se trata de fabricar un arma decisiva... ¿será el retorno del viejo sueño de Reagan de militarizar el espacio?

Nuevas combinaciones «anti-G» verán la luz, de todas formas, en los próximos años. Deberán controlar de forma más precisa el cuerpo humano en función de las aceleraciones para limitar el aumento de la presión sanguínea, el malestar que provoca el famoso «velo rojo» o «velo negro» y la pérdida de conciencia. Se están estudiando prototipos basados en agua o gel, así como modelos que recubren el cuerpo en su integridad, capaces de regular de manera «inteligente» la presión del aire enviada a los pulmones.

A pesar de todas las futuras mejoras, ¡podemos apostar a que estas condiciones no serán precisamente agradables para el neófito!

Según parece, los vuelos comerciales que rocen el vacío espacial no serán posibles antes de 2015, o 2020. Y, por ahora, el record de avión tripulado volando a Mach 6.,7, ostentado por el X15 de 1967, ¡aguanta todavía!

Biometría:

El futuro de la seguridad

En Ángeles y Demonios, *Vittoria Vetra entra en el laboratorio del profesor Leonardo Vetra sometién- dose al análisis de un aparato de reconocimiento biométrico, un escáner de retina. La puerta sólo se abre después de la identificación por el ordenador del ojo de la persona autorizada, en este caso la hija del profesor. Como detalle «estridente», los héroes descubren que uno de los ojos de Vetra ha sido arrancado para burlar la seguridad electrónica de la puerta. Como en la mayor parte de los elementos de la novela, hay cosas totalmente creíbles y otras que no lo son tanto...*

La biometría (medición de los elementos morfológicos humanos) ha expe- rimentado un progreso increíble en los últimos años, con el impulso conjunto del desarrollo de la informática y la necesidad de una seguridad cada vez mayor. ¿Cómo autorizar el acceso a ciertos datos, a ciertos lugares a algunas personas y a otras no? Las cerraduras mecánicas complejas necesitan de llaves susceptibles de perderse, los guardias pueden ser abatidos, los códigos de acceso se olvidan o se roban, las tarjetas magnéticas se piratean o se falsifican... El único método que permite con seguridad distinguir a un individuo de otro es, sin recurrir a elementos potencialmente falsificables, el propio individuo.

La industria de la seguridad se ha inspirado en el éxito y fiabilidad de los test de ADN en medicina legal para poner a punto sistemas de acceso basados en las características propias de los individuos. No es cuestión de someter todas las mañanas a los empleados de un banco a las pruebas de ADN, pero todo ser humano posee otras características únicas más fáciles de analizar: sus huellas digitales, la forma de la mano, de su rostro, su voz y sus ojos.

El desarrollo del sector es fulgurante y los progresos impresionantes. Aparatos que hace cinco años estaban todavía en fase de experimentación en laboratorio, están ya instalados a la entrada de ciertos lugares y están a punto de cambiar la vida cotidiana de todos los ciudadanos.

¿Cuáles son las diferentes técnicas?

El procedimiento más corriente se refiere a las huellas digitales: un escáner compara las líneas de la piel del pulgar o del índice con la imagen almacenada en su memoria o en la tarjera de identificación presentada por el individuo. Esta técnica existe ya en numerosos lugares de acceso restringido: acceso a salas informáticas, bancos, aeropuertos... La CIA los utiliza corrientemente en sus instalaciones desde los años 60.

La técnica da buenos resultados, aunque siempre sea posible engañar al sistema realizando un molde de látex del dedo. Sólo ciertos escáneres muy eficaces (y costosos) son capaces de notar la diferencia. Y también,

existe el problema de las heridas en los dedos, grandes o pequeñas, que falsean las identificaciones. Basada en un principio similar, la identificación de la forma de la mano es menos aleatoria ya que la longitud de los dedos o las proporcio
nes de la palma son únicas y menos susceptibles de ser modificadas por una herida o una tentativa de burlar el sistema... Hay otros métodos que presentan mejor proyección: el reconocimiento facial compara el rostro situado ante la cámara con la fotografía almacenada en su memoria. El ordenador mide el ancho de los ojos, la talla de la boca, la altura de la cara, etc. La técnica no es todavía perfecta, pero sus márgenes de error mejoran y tiene la enorme ventaja de no necesitar la cooperación directa del individuo a quien se quiere identificar: basta con situar discretamente la cámara en un rincón de una estancia para ejecutar el programa idóneo. El reconocimiento facial representa ya el 10% de los sistemas utilizados.

OJO POR OJO

Los otros medios biométricos de identificación se basan esencialmente en el análisis del ojo. El sistema puesto en escena por Dan Brown es una realidad que ha abandonado las pantallas de cine y el mundo de los agentes secretos: numerosos lugares recurren con normalidad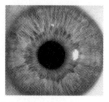
a este tipo de escáner para garantizar la seguridad. Hace falta decir que es el procedimiento más fiable en términos de reconocimiento, y uno de los más difíciles de engañar. Cada ser humano posee dos ojos característicos absolutamente distintos y únicos. No hablamos de la forma o del color, sino de su estructura interna.

Una de las tecnologías posibles es el examen del iris. Es con mucho la más utilizada actualmente. Permite comparar 250 puntos durantes la identificación y prácticamente no tiene fallos. El escáner analiza la membrana de color que forma el ojo, cada iris tiene su propia forma, su propia secuencia de colores y sus propios defectos. Una luz de baja intensidad toma una fotografía muy precisa del ojo y la compara con los datos guardados en su memoria. No tiene nada de desagradable y es rápido, tarda del orden de dos a tres segundos.

Pero la tecnología elegida por Dan Brown en *Ángeles y Demonios* está todavía poco evolucionada: en el análisis retiniano lo que se inspecciona es el fondo del ojo .

En él, el sujeto debe situarse muy cerca de un objetivo. Una luz viva ilumina el fondo del globo ocular, revelando la retina, extremadamente sensible, donde se encuentran los receptores fotosensibles ligados al nervio óptico. La retina es una fina película de células, recorrida por cientos de vasos sanguíneos que forman una red característica. En esto, también, cada ser humano tiene su propia arquitectura de la retina (incluidos los gemelos) y los especialistas estiman que sólo hay una posibilidad entre 100 millardos de que dos individuos tengan una retina idéntica.

La biometría de la retina es la más fiable de todas, sin fallos en la identificación y con la ventaja de no necesitar actualizaciones porque, desde los dos años de edad, la estructura retiniana es definitiva.

Esta tecnología está ya completamente operativa, aunque si es aún muy cara a causa de las cámaras de alta definición y de los potentes cálculos que necesita.

¿Puede engañarse a la identificación de la retina?

El futuro de las identificaciones biométricas depende de su tasa de reconocimientos sin error y de su inviolabilidad. En *Ángeles y Demonios*, Dan Brown imagina, sin embargo, que al lector de retina se le puede engañar fácilmente por intrusos. Es el ojo del profesor Vetra el que se presenta ante el escáner, pero... ¡sin el profesor! El ojo ha sido arrancado y después presentado al sistema que reconoce la firma de la retina y abre la puerta...

Una escena interesante, digna de una escena palpitante de *James Bond*, ¡pero totalmente imposible!

En efecto, los médicos que hemos entrevistado son claros: en una muerte violenta, la estructura del ojo se modifica en pocos minutos, incluyendo la retina. El corazón deja de latir, los vasos sanguíneos no se irrigan y las membranas pierden su tonicidad y su firmeza, lo que modifica su imagen. Por otra parte, al cabo de algunas horas, la retina comienza a desprenderse del fondo del ojo debido, también, a la falta de presión sanguínea. Para el escáner, ¡la retina se parecería a un trozo de trapo arrugado!

Por último, hay que señalar que en una muerte violenta como la del profesor Vetra, numerosos vasos sanguíneos estallan, por efecto del miedo, del dolor o del esfuerzo, haciendo, también, toda identificación imposible. A diferencia de otros métodos, el análisis de retina es (por lo menos hasta ahora) absolutamente infalible.

Pero el principal freno a su desarrollo está en la reticencia de las personas a someterse a este análisis, considerado «intrusivo» en el 70% de los casos. Por otra parte, ¿no decimos «mirar el fondo de los ojos» cuando se quiere conocer la verdad o, incluso que «los ojos son el espejo del alma»? Nadie quiere desnudarse, en todo caso ante una máquina. Analizar el fondo de los ojos, ¡no es una simple foto de su visible!

La fuerte luz necesaria para iluminar la retina es, además, desagradable de soportar. Por ahora, la identificación de la retina está reservada a zonas de alto riesgo, esencialmente instalaciones militares o a las cajas de seguridad de los bancos.

No hay duda de que si el CERN debiese proteger una reserva de antimateria por un procedimiento biométrico, éste sería el elegido...

La biometría en la vida cotidiana

Ya sea para acceder a los locales de una empresa, para pagar un libro, retirar dinero de un cajero automático, para consultar los correos electrónicos confidenciales o para viajar, todos nos veremos sometidos en el futuro próximo a la identificación biométrica.

La mayor parte se basará en la metodología más simple, la de las huellas digitales. Apoyar el pulgar sobre una placa sensible será tan corriente como hoy firmar un recibo o teclear un código secreto. Los estudios prevén que el mercado de la biometría se multiplicará por 15 en 4 años... La obsesión por la seguridad, reforzada por los atentados del 11 de septiembre y las amenazas terroristas, ha hecho que la mentalización dé un paso de gigante. Las reticencias individuales sobre la vida privada, de moda hace tres años, han cedido en nombre de la seguridad colectiva.

La mayoría de la gente que trabaja en zonas «sensibles» se somete al mismo todos los días. Así, desde 2004 amplias zonas de los aeropuertos parisinos de Orly y de Roissy están protegidas por una identificación de huellas dactilares. Para entrar o salir de las zonas de seguridad todos los empleados deben presentar su identificación y apoyar el dedo sobre el escáner. Después de varias protestas iniciales, el procedimiento ha entrado en la vida cotidiana de los trabajadores.

Se han realizado ensayos también en escuelas donde los alumnos deben facilitar sus huellas a un ordenador antes de acceder al comedor... Un hospital francés quiso, por su parte, instalar un «cronómetro» a la entrada para controlar el tiempo de estancia del personal. Fue rechazado por la *Comisión de Informática y Libertad* que, por el momento, estima que hace falta una buena razón de seguridad para imponer tal sistema a los individuos.

Pero es innegable que la biometría se abre rápidamente camino hacia nuestra vida cotidiana, a imagen de lo que ocurre en otros lugares del mundo. Los Estados Unidos han adoptado ampliamente la biometría, incluida la de retina, en el ejército, en algunas prisiones, en agencias bancarias, en la entrada de algunos edificios «sensibles», en hospitales, aeropuertos, edificios gubernamentales...

El gobierno Bush ha decidido igualmente tomar sistemáticamente, en las fronteras y en los aeropuertos, una foto y las huellas dactilares a toda persona que entre en los Estados Unidos. Con millones de datos biométricos, ¡se pueden hacer bonitas comparaciones entre archivos!

La medida más espectacular en este ámbito es el pasaporte biométrico que será impuesto a finales de 2005 a todos los extranjeros que quieran entrar al territorio americano sin solicitar un visado especial largo y costoso.

Ante las exigencias americanas, el Parlamento Europeo ha adoptado igualmente a finales de 2004 este pasaporte electrónico: todos los Estados miembros deberán emitirlos a sus ciudadanos que renueven sus documentos de viaje. La hoja de reconocimiento integrada en el pasaporte no debía contener inicialmente más que el reconocimiento facial, pero bajo presión de Francia e Italia principalmente, las huellas digitales son también registradas en este pasaporte de alta tecnología.

Desde noviembre de 2005, la biometría será parte de la vida cotidiana de todo viajero. Un primer paso hacia una generalización total e ineludible de nuevas técnicas de identificación. Bienvenido, Gran Hermano...

Parte VI

Algunas claves de la novela

Unas palabras sobre Dan Brown

A los 41 años, Dan Brown es, con JK Rowling (la madre de Harry Potter), el escritor más leído del planeta. Un verdadero fenómeno: sólo El Código da Vinci ha vendido cerca de 20 millones de ejemplares a día de hoy (de ellos 9,5 millones corresponden a las ventas en los Estados Unidos). Ángeles y Demonios ha conocido en los Estados Unidos un éxito comparable ya que, agotadas todas las ediciones, se han vendido 9,5 millones... Cada una de sus novelas se sitúa en primer lugar de ventas en los cincuenta países donde se han traducido. ¿Qué ha provocado este éxito? Una intriga perfectamente construida, un ritmo sin aliento, pero también el gusto de Dan Brown por el esoterismo, el misterio, lo oculto y el arte de convertir todo esto en moderno.

¿Quién es usted, Dan Brown?

Nacido en 1964 en Exeter, en el Estado de New Hampshire, en los Estados Unidos, Dan Brown realizó estudios de letras y de historia del arte en

Amherst College y en la Philips Exeter Academy. Es en esta universidad donde enseñará después literatura inglesa.

Apasionado por la música, además de ser profesor compone canciones y ¡ha conseguido incluso colocar algunas en los Juegos Olímpicos de Atlanta!

Pero en 1995, una experiencia cambia su vida. Mientras se encuentra en el campus de la universidad, Dan Brown asiste al arresto por agentes de la NSA (Agencia Nacional de Seguridad) de un estudiante que había pedido (se trataba de una broma pesada) el asesinato del presidente Bill Clinton en un correo electrónico. Es entonces cuando el profesor de literatura se informa sobre esta agencia que no conoce y descubre su potencia y su capacidad para espiar a cualquiera en su vida cotidiana. Apasionado por el tema, imagina un *thriller*: será su primer libro *Digital Fortress*, donde presenta a un matemático de la NSA que debe descifrar un código complejo para salvar a los Estados Unidos.

Desde sus comienzos como novelista, Dan Brown es un niño mimado: «He tenido una suerte excepcional», reconoce, «mi manuscrito encontró comprador en veinte días...». El primer editor que la leyó la compró. Esta suerte proviene, por una parte, del hecho de que se trataba en la época de un tema extremadamente comercial, la seguridad nacional y el respeto a la vida privada: descifrar códigos secretos, correos electrónicos y la Agencia de Seguridad Nacional. ¡Era una obra de ficción que tenía vínculos con el mundo real![1]

En 1996, esta primera novela se pone a la venta en las librerías. El éxito es estimable, pero la ola Dan Brown no había estallado aún y las ventas no superan algunos miles de ejemplares. Poco importa, el autor se prestó al juego e invadido por el virus de la escritura, imagina una nueva intriga, *Deception Point*, un thriller que se desarrolla entre los hielos del Círculo Ártico y el despacho oval de la Casa Blanca.

En 2000, aparece el primer libro con Robert Langdon (el héroe recurrente de Dan Brown) como protagonista: es *Ángeles y Demonios*. Finalmente en 2003, sale el libro que descubre a Dan Brown para el mundo entero: *El Código da Vinci*, un libro increíble de la que es innecesario contar la historia y el formidable éxito.

Para escribir, Dan Brown tiene un método y se atiene a un ritmo cotidiano. Se levanta cada día a las 4 de la mañana, se instala en su despacho (sin teléfono ni correo electrónico) y comienza una larga sesión de escritura. Las tardes, a menudo las consagra al ocio, ya que el novelista es un incondicional del tenis. En esta disciplina que es la escritura, su mujer, Blythe es de gran ayuda. Profesora de Historia del Arte y pintora, colabora en las investigaciones de su marido y le acompaña en sus desplazamientos a los escenarios de sus futuras novelas. «Mi mujer tiene una enorme influencia, explica. Sus conocimientos y su pasión por este tema me animan cuando me atasco. Es extremadamente difícil escribir un libro, no se lo deseo ni a mi peor enemigo. Hay indudablemente días en los que ayuda tener a alguien junto a ti...»[2].

¿DE DONDE VIENE ESTE GUSTO POR EL MISTERIO?

Con seguridad, Dan Brown alimenta un verdadero gusto por el secreto y lo oculto. Para él, es una verdadera pasión: «Los secretos nos interesan a todos, creo. Para mí, escribir sobre cosas clandestinas me permite mantener el interés a lo largo del proyecto. Una novela puede llevarme más de un año de escritura, tengo necesidad de aprender constantemente mientras escribo; de otra forma termino aburriéndome. Investigar y escribir sobre cosas secretas me recuerda lo divertido que es espiar, introducirse en mundos desconocidos y esto me motiva para intentar compartir mi experiencia con el lector»[3].

Desde su primera obra, el novelista trata temas habitualmente secretos, pero a medida que gana experiencia, Dan Brown se inclina más hacia lo oculto, lo misterioso, en la frontera entre lo esotérico y lo religioso. Las sociedades secretas tienen así un lugar preponderante en sus dos últimos libros (el Priorato de Sión en *El Código da Vinci* y los Illuminati en *Ángeles y Demonios*). «He crecido en la costa este, en plena Nueva Inglaterra. En cierto sentido en el centro de las escuelas y de los colegios más chic, con sus pequeñas fraternidades y sus clubes de *gourmet*, sus sociedades secretas y todo eso. Frecuento desde hace mucho a la gente de la NSA. Creo que los secretos interesan a todo el mundo y que el concepto de sociedad secreta (en particular desde que visité el Vaticano) han cautivado mi curiosidad».[4]

Para escribir una obra de ficción a partir de estos elementos misteriosos, Dan Brown se documenta. Consagra, incluso, gran parte de su tiempo a este trabajo de investigación. «Representa cerca de la mitad del tiempo total que paso con un proyecto. Y como mis novelas requieren tanto tiempo, casi todo lo que leo son biografías, traducciones de textos antiguos y documentos»[5].

¿Y ESTA MEZCLA DE MISTERIO HISTÓRICO Y DE TECNOLOGÍA?

Todas las novelas de Dan Brown son una sabia (y sabrosa) mezcla de enigmas históricos y de tecnologías actuales (si no futuristas). ¡En esto, el novelista no sólo se adelanta varios años, sino varios decenios! Así en *Ángeles y Demonios* en particular, habla de un avión que no funciona todavía, de la antimateria en unas proporciones y para un uso que no existen en la actualidad, etc. En cierta forma, este aspecto «futurista» de la novela recuerda a Julio Verne.

Las novelas de Dan Brown no son, por tanto, en sentido estricto *thrillers* históricos, que se desarrollan en épocas lejanas, como *El nombre de la Rosa* de Umberto Eco. Se trata más bien de «tecno-thrillers históricos» que hacen preguntas muy contemporáneas, principalmente sobre la ciencia y su papel en nuestra sociedad: «Creo que la ciencia nos salvará... pero sé que tengo tendencia a ser optimista. Objetivamente, la ciencia tiene un magnífico potencial para curar enfermedades, para crear fuentes de energía alternativas al petróleo, para encontrar nuevas fuentes de alimentación e incluso para permitirnos viajar a otros mundos. El problema, por supuesto, es que cada tecnología tiene dos caras. El cohete que lleva el trasbordador espacial puede también transportar bombas. Las investigaciones médicas que pueden permitir la erradicación de enfermedades (la genética, por ejemplo) pueden provocar también el fin de la humanidad si son utilizadas con fines perversos. La cuestión no es saber si la ciencia va a permitir responder a las crecientes necesidades del hombre, sino más bien conocer si la filosofía humana va a evolucionar lo bastante rápido para hacernos conscientes de nuestro nuevo poder y de las responsabilidades que conlleva»[6].

Este cuestionamiento de temas que no pueden ser más actuales (principalmente la ingeniería genética o el poder de las armas de destrucción masiva) explica el éxito de público de las novelas de Dan Brown. Sus obras constituyen, para el lector, una nueva manera de reflexionar sobre estos temas al proyectarse sobre una ficción que va a alimentar su reflexión más allá de los debates diarios en los medios de comunicación.

¿Cómo tuvo la idea de *Ángeles y Demonios*?

Es siempre fascinante saber qué hay en el origen de una creación, comprender de qué pequeña chispa de la imaginación nace una obra. En el caso de *Ángeles y Demonios*, Dan Brown cuenta: «Estaba siguiendo una visita guiada al Vaticano y me encontraba en el túnel llamado *Il Passetto*, un pasaje secreto utilizado en otras épocas por los papas para huir en caso de un ataque enemigo. Según el guía, uno de los más antiguos y terribles enemigos del Vaticano era una fraternidad secreta conocida por el nombre de los Illuminati, una orden compuesta por científicos que juraban vengarse del Vaticano por los crímenes cometidos contra científicos como Galileo o Copérnico. Estaba fascinado por la imagen de esta sociedad secreta, anti-religiosa, encerrada en las catacumbas romanas. Y cuando el guía añadió que muchos historiadores modernos creían que los Illuminati estaban aún en activo y que eran, incluso, una de las más poderosas fuerzas políticas ocultas, me enganché... Era necesario escribir un *thriller* sobre los Illuminati»[7].

Una vez más, la novela mezcla elementos de historia (los Illuminati), de historia del arte (Bernini), historia de la ciencia (Galileo) y de tecnología (la antimateria del CERN). Un cóctel explosivo que se pregunta directamente sobre las relaciones complejas y ambiguas entre ciencia y religión. Toda la dificultad está en saber quién, la ciencia o la religión, va a ganar la guerra que mantienen desde hace siglos. «Es una cuestión difícil», afirma Dan Brown, «porque creo que ciencia y religión son lo mismo. Ambas son manifestaciones de la inquietud del hombre por comprender lo divino. La religión se ocupa de preguntas, la ciencia, de buscar las respuestas. La ciencia y la religión serían, por tanto, dos lenguajes diferentes que cuentan la misma historia y es por esto que la batalla entre ellas causa estragos desde hace siglos y continúa todavía hoy»[8].

Al igual que en *El Código da Vinci*, *Ángeles y Demonios* lanza una piedra al mar de la religión católica. En el primero, Dan Brown afirmaba que María Magdalena, a quien se toma por prostituta, era en realidad la compañera sentimental de Cristo y que incluso tuvo un hijo con él. En *Ángeles y Demonios*, el novelista pone en escena a un hombre de iglesia que asesina al Papa. Rechazado por los católicos más duros, prohibido en Líbano, ¡Dan Brown no es precisamente bienvenido en el Vaticano! Y, sin embargo, para las necesidades de *Ángeles y Demonios*, obtuvo una audiencia con Juan Pablo II: «Es verdad, aunque debo decir que el término *audiencia* es tramposo. No estaba sentado junto al Papa para tomar un té. Tuve la suerte suficiente para ser aceptado en lo que se llama una *audiencia semiprivada* que se desarrolló en una gran sala del Vaticano. El Papa llegó y habló con cada uno de nosotros. Después rezó y nos bendijo. Hay algo interesante a destacar: cuando entramos en la sala de audiencias, los guardias suizos nos registraron, buscando, no armas, sino ¡botellas de agua! Supe enseguida que el agua que se encuentra en la sala donde el Papa pronuncia una bendición, se convierte en 'agua bendita». Y la Iglesia no quería que ninguno de nosotros la sacase del Vaticano para venderla»[9].

En la novela, el Vaticano es objeto de una descripción particularmente realista, destacando las partes teóricamente cerradas al gran público. Dan Brown tiene talento, pero no es solamente la imaginación lo que está en el origen de este realismo: «Tengo un muy buen amigo que tiene un contacto situado muy alto dentro del Vaticano. Las partes del Vaticano que vimos (como la Necrópolis) sólo son accesibles a una decena de personas. Es, probablemente, el lugar con más medidas de seguridad que vimos y fue absolutamente memorable.»[10]

Por el contrario, Dan Brown no tuvo ocasión de visitar los Archivos Secretos del Vaticano, ya que únicamente los investigadores acreditados por un instituto científico pueden tener acceso.

¿QUIÉN ES ROBERT LANGDON?

Robert Langdon es un profesor de Harvard, la famosa universidad de la costa este de Estados Unidos, situada en Boston. Allí enseña simbología, es decir, la ciencia que descifra los símbolos, los mensajes ocultos y el significado en las obras de arte. Gracias a él, Sophie Neveu consigue descifrar el sentido del cuadro de Leonardo en *El Código da Vinci* y es también gracias a su intervención por lo que los signos dejados por los Illuminati permiten poner fin al drama que se desarrolla en el Vaticano en *Ángeles y Demonios*.

Robert Langdon fue bautizado así casi con seguridad porque Dan Brown admira el trabajo de John Langdon, el inventor de los ambigramas, a quien, por otra parte, da las gracias calurosamente en el preámbulo de la novela. El personaje es un poco también el doble del novelista con el que tiene muchos puntos en común: «Langdon es un personaje que comparte mis propios puntos de interés», reconoce Dan Brown. «Los misterios antiguos me fascinan. La historia del arte. Los códigos. Cuando se pasa un año, un año y medio escribiendo un libro, tienes la completa seguridad de que el protagonista se interesa por los temas que te ilusionan a ti. Por muy entusiasta que me muestre en lo relativo a la NASA y a los meteoros de la Agencia Nacional de Seguridad, sé que mis pasiones se refieren de verdad a los antiguos misterios y los códigos, a este tipo de cosas»[11].

Y por esta razón el profesor Langdon, una especie de Indiana Jones contemporáneo, se ha convertido, desde *Ángeles y Demonios*, en el personaje fetiche de Dan Brown. El novelista afirma, por otra parte, que ha reunido material e ideas suficientes para que Langdon dé lugar ¡a una docena de libros como mínimo! Una perspectiva estremecedora...

¿CUÁL SERÁ EL PRÓXIMO LIBRO?

La comparación con Harry Potter está justificada, el culto que envuelve a Dan Brown hoy presiona sobre el autor, requerido por sus fans y por la prensa para desarrollar el tema y los avances de su próximo libro. Si es verdad que todo el mundo espera una nueva aventura de Robert Langdon con impaciencia, el autor se toma su tiempo para conseguir lo que hoy se parece un desafío.

De todas formas, para aquellos que ardan de impaciencia, podemos afirmar que la próxima aventura de Langdon se desarrollará en los Estados Unidos. Por primera vez, el profesor de simbología abandonará el Viejo Continente y su grandiosa historia del arte para consagrarse a misterios más recientes, aquellos que tienen conexión con la nación americana. Dan Brown confirma: «Actualmente, estoy escribiendo otro *thriller* con Robert Langdon como protagonista, la continuación de *El Código da Vinci*. Por primera vez, Langdon va a encontrarse mezclado con misterios sobre suelo americano. Esta nueva novela explora la historia oculta de nuestro país».

Y cuando Dan Brown habla de historia oculta es, a menudo, sinónimo de conspiraciones, sociedades secretas... Una vez más, desde este punto de vista, la próxima novela de Dan Brown satisfará a los lectores. ¿No habla esencialmente de francmasones y de su importancia en la construcción de los Estados Unidos? «Sí..., ¿espera que le cuente más?», responde lacónicamente Dan Brown.

No contamos con ello... ¡El secreto estará bien guardado para felicidad de todos, ya que la sorpresa dará, una vez más, ansias de devorar, en una sola noche, la futura novela del maestro del thriller tecno-histórico-conspirativo! Sólo daremos una pista: se murmura que la próxima novela podría titularse *La llave de Salomón*...

Notas:

[1] Dan Burstein, *Les Secrets du Code da Vinci*, City …ditions, 2004. / [2] Ibid. / [3] *A conversation with Dan Brown*, www.bookbrowse.com / [4] Dan Burstein, op.cit. / [5] *A conversation with Dan Brown*, www.bookbrowse.com / [6] Sitio web oficial del autor, www.danbrown.com / [7] Ibid. / [8] Ibid. / [9] Ibid. / [10] Dan Burstein, op.cit. / [11] Ibid.

Los personajes de *Ángeles y demonios*

Hay muchos personajes en Ángeles y Demonios, pero sólo algunos constituyen el núcleo central sobre el que se articula la novela.

Robert Langdon

Personaje recurrente en Dan Brown es, en cierta forma, el doble del novelista. Su nombre se inspira en el del artista americano, John Langdon, a quien Dan Brown admira y que crea ambigramas (ha realizado los que aparecen en la novela). Robert Langdon es profesor de Simbología en Harvard y un apasionado de los códigos secretos. Aparece por primera vez en *Ángeles y Demonios* publicado en Estados Unidos antes de *El Código da Vinci*.

Vittoria Vetra

Vittoria es, junto con Robert Langdon, la heroína de la novela, de la misma forma que Sophie Neveu lo era en *El Código da Vinci*. Es la hija adoptiva de Leonardo Vetra, el teofísico asesinado. Ella es, como su padre, una brillante científica especialista en las teorías del «entrelazamiento», es decir, la manera en que todo está vinculado en el Universo. Participa en las investigaciones sobre la antimateria con su padre y es la que abre el laboratorio del CERN donde el valioso elemento estaba almacenado. Esta joven, seductora y un poco excéntrica, es vegetariana y practica el hatha-yoga.

Leonardo Vetra

Asesinado al inicio de la novela es, sin embargo, uno de los personajes principales. Es, en efecto, este investigador quien descubre la antimateria que amenaza al Vaticano. Es un personaje clave porque este físico es también un antiguo hombre de iglesia que fue sacerdote y que, a pesar sus investigaciones científicas (¿o gracias a ellas?), conserva intacta su fe en Dios. Se definía a sí mismo como un «teofísico» y tenía como objetivo reconciliar ciencia y religión intentando, a partir de sus investigaciones sobre la antimateria y el Big Bang, probar la existencia de Dios. Leonardo Vetra está, por tanto, en el centro de *Ángeles y Demonios* ya que encarna él solo la paz en la batalla secular entre ciencia y religión. No se puede dejar de señalar la coincidencia entre su nombre (Leonardo) y el gran artista y científico del Renacimiento, Leonardo da Vinci, que será el centro de la intriga en *El Código da Vinci*.

Maximilan Kohler

Personaje un poco inquietante, arquetipo de científico completamente dedicado a su causa, es el director del CERN. Aparece como un personaje ávido de poder, de renombre y de dinero para su laboratorio. Su historia personal le hace ser uno de los principales sospechosos en el complot Illuminati que amenaza al Vaticano: gravemente enfermo desde que era niño, sus padres no le cuidaron, pensando que Dios iba a salvarle. Un médico le administrará finalmente un remedio que le salvará de la muerte pero no de la parálisis (va en silla de ruedas) y que le dará una fe inquebrantable en la ciencia y le inspirará una indefectible repulsión hacia la creencia religiosa fanática.

Carlo Ventresca

El camarlengo del papa tiene también una historia muy particular. Huérfano, sobrevive a un atentado de niño, cuando se encontraba en una iglesia con su madre. De este suceso, conserva un profundo trauma ya que ve morir a su madre con sus propios ojos. El hecho de que él haya conseguido escapar le da una fe en Dios y la certeza de que está destinado a hacer grandes cosas. Recogido por el Papa fallecido, se crió en San Pedro como si fuera su hijo. Algo que no es sorprenderte ya que al final de novela se averigua que es su hijo de verdad. En cierta manera, una reversión del mito de Edipo, ya que es Carlo Ventresca quien ha matado al Papa sin saber que era su verdadero progenitor.

El cardenal Mortati

Con 79 años, el cardenal puede todavía formar parte del núcleo de cardenales electores (la edad límite es 80 años). Como decano de los cardenales, supervisa el conjunto de la elección. Hombre de corazón, fue «el abogado del diablo» durante la elección del anterior Papa asesinado, es decir, fue quien buscó en la vida del Papa cuáles podrían ser los obstáculos a su elección (procedimiento normal para las beatificaciones y no para las elecciones papales). Al final de la novela, es el primero de todos los cardenales que se da cuenta de que Carlos Ventresca no es el salvador de la Iglesia romana, aunque finja lo contrario.

Olivetti, Chartrand y Rocher

Los guardias suizos que acompañan a Robert Langdon y a Vittoria Vera a lo largo de su aventura. Con una fidelidad sin falla al Papa, están preparados para morir por el Vaticano. Es lo que le ocurre al comandante Olivetti asesinado por el Hassassin en el capítulo 91. Rocher, al comprender la maquinación del camarlengo, es asesinado por Chartrand en el capítulo 129.

Macri y Click, los periodistas

Uno trabaja con la cámara y el otro comenta los sucesos. Trabajan para la BBC y constituyen en cierta forma la mirada exterior de los sucesos que se desarrollan en Roma. Ofrecen al lector una visión distinta de lo que está en juego durante esa noche.

Sylvie Baudeloque

Es la secretaria de dirección del CERN. La asistente devota de Maximilian Kohler trabaja en uno de los más grandes laboratorios del mundo pero, en un debate ciencia/religión, se inclinaría más bien por la religión. Como millones de personas, también se arrodilla durante el discurso televisado del camarlengo Ventresca. Señalar que Sylvie Baudeloque figura en la página de agradecimientos de *El Código da Vinci*.